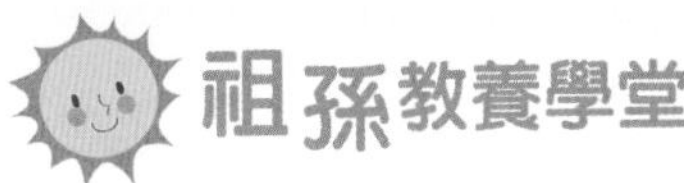

孫慧玲 著

新雅文化事業有限公司
www.sunya.com.hk

推薦序一

孫慧玲女士是香港著名的兒童作家。她作品的特色，一向傾重孩子的學習和成長。

孫女士撰寫這本《祖父祖母正能量——孫兒這樣教》，覺意外，亦不意外。這樣的主題，就我所知，沒見人寫過，所以是意外。又就我所知，孫女士已榮升祖母級，以她關心兒童成長的天性，弄孫為樂以外，對孫兒或周圍祖孫的養育狀況，自有很多經過體驗、觀察和揣摩的心得。何況，香港社會的當前，幼兒和兒童的養育、教育，成為一個熱門的課題。關心兒童教育如孫女士者，撰書警世，也是很自然的事，不覺意外。

幼兒和兒童的教養，近年在香港之成為社會熱門問題，關涉到的理由眾多。這裏，我只想談其中的一個看法。

香港社會自上世紀七十年代，邁進現代都市，事事講求要與世界接軌，也包括兒童教育。當前，身為祖父母這一輩，在香港的社會發展中，很有代表性，是香港社會重大轉型的第一代。這一代人，有着香港轉型前後的生活經歷，有着兼備中外文化教養的體驗，對新舊、中西的價值和習慣有相當的認識。他們的子女，是香港社會轉型後的第一代，有與父母不同的成長經歷和體驗。面對培育新二代，自然想法有差異。如果祖父母輩，在弄孫為樂，在作為家長，協助沉重工作負擔的子女之外，再能發揮他們這一代在香港社會發展中，起過承先啟後角色的經驗和體驗，輔助子女養育孫輩，這會成為很有價值的正能量。我強調的是輔助，主導孫輩的教養，責任是他們的父母。如果在香港社會現今這個階段，祖父母和他們的子女都明白，結合兩代人，融合中外、揉傳統和現代的兒童養育文化，摸索和積累經驗，為現代優質育兒開出一條新路，這是千載難逢的機會，其意義也大。

孫女士這本新著，不寧就是我這種想法的先聲。

陳萬雄

饒宗頤文化館名譽館長

推薦序二

2013 年 4 月裏，有很特別的一天，就是我們期待已久的小孫兒來臨的日子！滿懷興奮地來到醫院，隔着兩層玻璃看着小伙子，他眨動着小眼睛，滿不在意地來到這世界。啊！我們好像還未準備好，便要展開當祖父母的生涯。三十多年前的育兒經驗可用在孫兒上嗎？原來那是另一回事，為人父母跟為人祖父母截然不同。過去兩年照顧孫兒，有所體會，寫下「祖父母十誡」，更有機會應親家的邀請，為本書撰寫序言，真有點受寵若驚。看過一遍初稿，全書涵蓋內容廣泛，包括生理、心理及人際關係的分析，更有真切的個人體會。全書洋溢着一片親情，值得大力推薦。能為父母不一定能做好祖父母，世事隨時代進步，我們要追上潮流，虛心學習，身體力行，才能享受弄孫之樂。

當祖父母是一門藝術，以下的「祖父母十誡」分享了我與孫兒共享天倫之樂的體會和心得：

1. 孫兒出生前應做好準備，迎接新生命來臨
2. 建立對孫兒的期望
3. 現在撫養孩子的方式與以往的不同，須多閱讀多學習，認識現時的育兒方法
4. 用心而行，讓孫兒在愛中成長
5. 多做運動，保持強健體魄照顧孫兒
6. 多與孫兒一起參與活動，享受共處的溫馨時光

7. 拍下孫兒珍貴的成長畫面，留待在他們的婚禮上播出
8. 小孩子學習新事物的能力強，可從他們身上學習新玩意，與時並進
9. 保持身體健康，保八望九，可望看到曾孫兒
10. 盡情回味與孫兒的珍貴回憶

孫慧玲女士喜愛孩子，以一位資深教育家、兒童文學家、兒童遊戲組及親子童軍創辦人的多重身分，寫這本《祖父祖母正能量——孫兒這樣教》，寫得既用心又詳盡，有理論又有方法，難得的是實用之中又趣味盎然，實在值得細讀。

陳啟明
威爾斯親王醫院骨科講座教授

自序

祖父祖母，我們太重要了！

孫兒小熙出生了，全家都感到歡喜萬分，手中抱着的小生命，和其他孩子一樣，是人類最寶貴的資源，代表着人類的未來，作為外祖父母的外子和我，以欣喜而又躊躇滿志的心情，立定決心，要全心全意地，義無反顧地陪伴孫兒成長，在他的成長路上扮演好外祖父母的角色！

未來世界對孩子成長意味着什麼？意味着日新月異的追逐！汰弱留強的競爭！在這全球化的大時代，我們想孩子成為怎樣的人？如何教養孩子？父母的力量足夠嗎？陳萬雄博士在推薦序中說出了我的心聲：「結合兩代人，融合中外、揉傳統和現代的兒童養育文化，摸索和積累經驗，為現代優質育兒開出一條新路。」這條路，就是以中外文化的智慧元素，揉合傳統和現代的智慧精粹，來教養孩子，使他們擁有現代的智慧能力，又有良好個性及道德素質，去獨立解難，去自學創新，創造成功而又快樂的人生。祖父母可以怎樣配合孩子教養？ 正是本書要探索的重點。

什麼是孩子成長最重要的？

是時下所說的終身學習和學會學習嗎？這其實是創造智慧和學習能力的結果；

是智慧的長進和能力的提升嗎？這可關乎態度和心理品德的素質；

是態度的積極和心理品德的高尚嗎？這心理與道德的表現還需要生理條件作支持；

強健的身體又如何得來？還不是建立於合理的生活秩序和自理能力而來？

合理的生活秩序和自理能力又是怎樣建立的？當然是自小在家庭中養成的習慣中得來的！

抽絲剝繭，説到底，原來根本就在家庭的教養！

家庭教養影響言行舉止和習慣建立，習慣好壞影響生理強弱，生理強弱影響心理狀態，心理狀態決定做人做事的態度，態度又決定學習成效，學習成效則累積了智慧能力，智慧能力用得其所決定於品格道德，環環緊扣，造就了傑出而又快樂的下一代。總而言之，家庭教養，是孩子成長的關鍵。

孩子的成長和教養，有所謂 0 至 10 歲的黃金十年，過了頭十年，孩子投入五光十色的社會之後，教導孩子便會變得不容易。惟有祖父母們能夠積極參與孫兒成長，發揮出大愛正能量，協助忙碌的孩子父母教養孩子，才能成就孫兒，壯大家族，也能為社會國家和全人類教出有良知良能的新一代，作出貢獻。

做祖父母的，經過生活考驗，人生閱歷豐富，深懂人情世故，做事周全恰當，有許多經驗可以和孫兒分享。正因洞悉世情，又有一定的育兒經驗，更能夠對孩子觀察入微，了解孩子，及早知道孩子喜惡優劣和天賦，給予最好的智能和品德上的培育；又能夠及時發現問題，兩代合作，給孫兒最好的教養，幫助孫兒在成長路上少受些折騰。祖父母毫無保留地表現的愛，既寬大又包容地和孫兒相處，贏得了孫兒的信任，建立了祖孫間的親密關係，給他能夠倚靠的臂膀，讓成長中的他有機會釋放一些壓力，疏導一下情緒，整頓了思緒，撫平了傷口，再勇氣抖擻地繼續成長路。成長為快樂活潑才德兼備的新人類，這些，正是祖父母發揮了隔代教育孩子的功效。

這本書，我是要以小熙外祖母的身分，和所有祖父母外祖父母分享這份教育孫兒的經驗和喜悅，從祖父母自身作準備到作為孫兒的人生導師，從孩子生理成長到男孩女孩運動習慣的建立，從性格締造、道德培養到智慧能力的栽培，從語文能力提升到數理藝術的學習，都一一縷述，務求和祖父母們互勉互勵，探討育孫的各個方面，可行而有效的妙法。

寫這本書，最感動的是積極參與照顧小熙的嫲嫲譚晶瑩女士，除了提供故事外，還為嬰幼兒詩作英文翻譯；爺爺陳啟明教授給予專業意見，及在百忙中賜序；公公李志達先生提供愛心照片，祖父母和外祖父母四人合力出版一本書，應該可以説是出版界的「創舉」吧？！

在此，感謝饒宗頤文化館名譽館長陳萬雄博士的賞識和支持，他不但賜序，還和我分享孫兒學習語言的有趣故事；感謝新雅文化事業有限公司常務副總經理尹惠玲女士對本書的特別重視，將之列為本年度的重點出版之一；感謝編輯經理甄艷慈女士的精心策劃，使本書的出版能臻於至善。

因為愛，我們凝聚力量。

為兒童謀幸福，
為社會育良才，
為國家民族培養有偉大理想的國民，
為地球造就有良知良能的新一代，
這正是我寫這本書的目的。
祖父祖母動起來，發揮正能量！
Yes，我們做得到！

孫慧玲

目錄

第四章

健康強壯是成長要素 093

沒有健康好身體，也難有好性情和學習好成績。

第五章

提升孩子的智慧與能力 111

孩子早期的教育，決定了他日後體魄發育、性格發展、人際關係、學習成績及工作成就。

第六章

語文能力是孩子聰明才智的第一表現 137

語文能力影響智力的發展，是孩子聰明才智的第一表現，是他一生成功快樂的基礎。

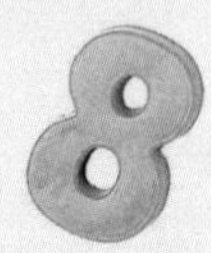

第一章

齊來發放正能量

身體健康、心態積極、義無反顧、
懂得收放、慈愛包容

第一章 齊來發放正能量

榮升外祖母的故事

那一天，女兒告訴我和外子，她懷孕了！讓我們歡喜得笑不攏嘴之後，女兒提出希望在以後的日子裏，我們也能夠幫忙照顧孩子。噢！太好了！其實，能榮升外祖父母，是我們渴望已久的，能參與教養孫兒的工程，也是我們最可以、最樂意做、最歡欣萬分、最與有榮焉的事！我們又怎能不衝口一句：「我願意」？

回到家中，我這位準外祖母，已急不及待將書櫃中所有育兒書和嬰幼故事書整理出來，按主題成立了專區，還開始添購兒童成長的新書。「凡事豫則立」，既然要做好外祖父母，想教出好孫兒，便不能以老賣老，炫耀舊經驗。時代變遷，萬事萬物變化，我們當然更要熱切地、謙虛地學習。我決定重新學習有關兒童成長的生理、心理知識，基本教育理念及技巧，並且有創意地運用，使自己做好陪伴孫兒成長的準備，要和孩子的爸媽及爺爺嫲嫲配合，一起培育有品德有才華，充滿正能量的好孫兒！

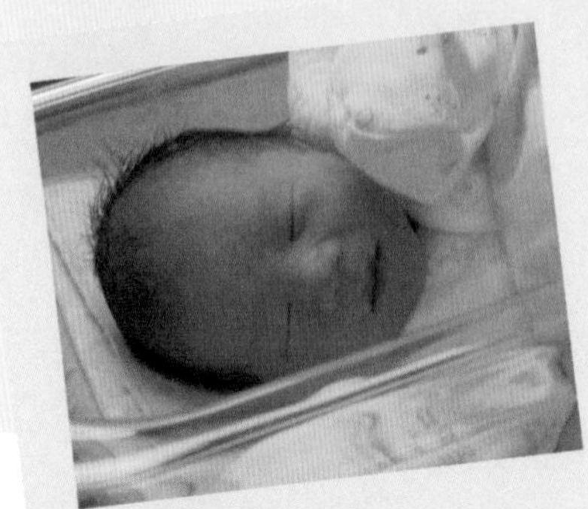

事實上，每個孩子都有自己的成長軌道，只要教養者做好準備，並依照孩子天賦品性和才華，順勢培育，他就會茁壯成長為快樂卓越的新一代。

想做充滿正能量的祖父母，教養出好孫兒，祖父祖母不妨自我再完善。

正能量祖父母的自我再完善 10 法

1. 積極養生，保持健美體態

沒有充足的精神和體力，如何應付陽氣充沛，精力無窮的小人兒？

沒有健全強壯的身體，又如何能有安穩的心態，和古靈精怪、詭計多端、情緒百變的小傢伙周旋？

想做個出色的祖父祖母，就不能懶於打理自己。注意健康，努力吸收健康資訊；整頓起居作息，早睡早起，每天運動；小心飲食，吃得適當；善於保養，如有需要，吃點保養品，提升體質，以保持健康亮麗形象為第一要務；還要捨得丟棄雜物，把家居清潔好。

想想看，如果我們老患感冒，衣着老土，甚至蓬頭垢面，一身藥油味，不要説孫子的父母不想你出現，你自己也不好意思露面吧？這樣下去，又怎能和孫子建立親密關係？有病便第一時間去醫治，不要拖延。更不要滿口「年紀大，機器壞」什麼的，快快鍛煉好身體，發放祖父祖母正能量。

為心愛的孫兒，花點功夫強身健體，提升形象，值得！

肺部有腫瘤的外祖母

我在大學的一位同事，在她誕下孩子之前，她的母親發現肺部有陰影，醫生診斷為良性腫瘤，但因年紀大，醫生不主張立即開胸做手術，而是先作觀察，作為外祖母的也決定不再將注意力放在肺部那兩粒東西上，而是全心全意帶孫子。現在長孫 15 歲了，讀中四，外祖母仍然健在，祖孫感情好得不得了。外祖母愛孫子的心，竟是自己治病的良藥，你說神奇不神奇？

相信我，渴望做好祖父母的良好意願，一定能夠帶給我們身心正能量！

2. 心態平和，孫兒樂於親近

祖父母帶孫兒，有些由於受祖孫情深的感性支配，會過分關注照顧，呵護過度，代勞任怨；有些會受傳統教育觀念影響，和子女一樣，望孫成龍，不想孫兒輸在起跑點，對孫兒過分監督，語氣過於嚴肅，懲罰過於嚴厲；有些以老賣老固執己見，不尊重也不理會孩子父母的教育理念，造成兩代矛盾爭執，三代疏離；有些比較自我的更時常埋怨要幫助照顧孫兒，沒得享晚福。凡此種種，都會種下孩子孤僻膽小，自卑自閉，憤懣依賴，甚至叛逆的劣根！

祖父母何妨學習做一個快樂大使，平和慈愛，樂觀包容，民

主開放，不嘮叨強求，也不溺愛縱容，努力建立平和溫馨的家庭氛圍，最重要是讓子女和孫兒們感受到濃濃親情和愛。孫兒在沒有壓力之下，健康快樂地成長，一定會成為情緒穩定，性格平和，做事有分寸的新人類。

3. 做好自己，為孫兒樹立榜樣

孩子學習主要靠模仿，大人的一舉一動代表權威，都會對孩子產生潛移默化的作用。

祖父母想孫兒成為積極上進的人，自己就應該表現為積極樂觀的中堅分子。祖父母想孫兒成為品德良好的人，自己就得堅守高尚的道德觀和正確的價值觀。

孫兒對祖父母景仰和尊重，並非來自祖父母溺愛，而是建立在祖父母優雅的言行舉止、待人接物的態度和智慧上。祖父母要做孫兒的模範和榜樣，讓孫兒自小受到你説話和行為上的良好熏陶，自然而然地養成品格才華，成長為一個具備智仁勇好品德，有良知良能的社會接班人。

如果祖父母自覺性情急躁、脾氣不好，那也不是什麼大不了的事，學習收斂一下，不要再隨便發脾氣發怒便是了，努力以慈心愛心耐心和孫兒相處，用慧眼和理智去待人處事。

想改變自己？可以去上課學習育兒技巧，如報讀政府舉辦的再培訓課程，不但能學到知識，更能夠結識到志同道合的祖父母，開闊胸懷，互相打氣；也可以去看一些靈性修養的書，修煉靜坐，幫助自己洗滌心靈，沉澱思緒。如果有需要，而又因緣成熟，甚至可以在宗教中尋求慰藉和導引。佛教的慈悲、道家的順應自然、基督的博愛與寬恕，都能夠提升人們的靈性，讓人生的苦惱找到出路，使榮升祖父母的你，有更好的心態，向孫兒展現人性的真善美。

我自己就在許多的佛學小冊子和儒道經書中開拓了心田，努力用積極正面的角度看人看事看物，往往能看到美好的一面，更何況是看摯愛的孫兒？

4. 愛護孫兒，就要愛得恰當

孩子成長需要愛，可惜現代父母工作太忙，未能給予孩子全面的愛，即使家有經驗豐富的保母，孩子仍然需要父母以外的至親，尤其是祖父母，伸出愛的雙手，擁抱扶持。

祖父母即使願意付出時間、愛心和精力，對孫兒關心和愛護備至，但如何關心到位，愛護恰當呢？如果祖父母在教養孫兒方面處理不當，伸手協助反而會成為和子女爭拗的原因。所以在孩子出生前，做祖父母的也要虛心和孩子父母交流培育之法，做孩子爸媽的最佳合作者，互補長短，學習怎樣愛得適當，使孫兒得到最有益的愛，茁壯成長，在快樂中走向健康卓越。

六個大人和一個小孩

有一天，黃寶財教授和太太行經一條小巷，看見前面兩對祖父母和一位媽媽，後面跟着一位背着大袋子的外籍女傭，帶着一個大約四、五歲的小女孩。小女孩忽然看見路上有一

塊樹葉，蹦蹦跳跳地走上去，蹲下身子要去撿拾，後面六個大人立即同時間地驚叫起來，驚惶地跑上前，圍着她，喝止道：「不許拾！髒！」小女孩被嚇得縮回手去，睜大的眼睛望着那六張臉，眼裏噙滿淚水。

無可懷疑，那六個大人都愛小女孩，但「愛」她卻變成害她。她的好奇心和探索精神可能從此被扼殺！

（故事由恒生管理學院資訊科技總監黃寶財教授提供）

5. 尊重信任，是最好的愛護

每個孩子都是獨立的個體，不是任何大人的附庸或附屬品，我們愛護他，先要懂得尊重他。事實上，每個孩子都值得我們尊重，尤其是少年孩子更需要在親人的尊重中建立自重自信。

尊重孫兒的本性，順勢教導，而非按照成人的意願，揠苗助長。

尊重孫兒獨立的地位，讓他到大人中間來，一起感受生活。

尊重孫兒自由的權利，讓他做自己的主人，能夠自由行動和做主，不要急於左右他的活動和思想。

信任孫兒的人格，覺察他的人格特點，用愛心培養他的品格，用耐性等待他作出正確的行為決定。

信任孫兒的能力，只要發現並保持他的學習興趣，他會還你驕人的成績，切勿抱着「萬般皆下品，惟有讀書高」的老觀念。

祖父母能盡量從孫子的高度和角度思考問題，從孫兒的行為表現來推究孫兒的心理需要，滿足孫兒的成長需求，就是最好的愛護。

6. 了解成長，才能幫助成長

要扮演好祖父母的角色，我們得了解孫兒在成長中每個階段的特點和需要，成為合格的祖父母，真正發揮幫助孫兒成長的作用。

- **新生嬰兒期**：你以為他懵懂，其實他已經開始了人生第一課；
- **0 - 10 個月嬰兒期**：你以為他只懂吃奶和睡覺，其實他已經知道誰是誰；
- **10 - 18 個月嬰幼兒期**：你以為童稚可欺，其實他已經有自己的意志；
- **18 個月 - 3 歲幼兒期**：你以為他只在牙牙學語，其實他是語言天才，有能力掌握雙語、三語，甚至更多；
- **3 - 6 歲幼稚期**：你以為他只是幼稚小兒，其實他已懂得獨立自主和社交；
- **6 - 12 歲兒童期**：你以為他只不過是小學生，其實他已經為踏入少年期作出準備了；
- **12 - 17 歲少年期**：你以為他長大了自有主見，其實他內心彷徨，最盼望得到你的聆聽和理解，這時候的他，正在為做大人作出準備。

嬰兒在出生後遭受不愉快，將會影響他一生，同時，也不要忘記給孫兒的媽媽關心和照顧。

初做媽媽的錯誤決定

女兒出生時，因聘請的外籍女傭仍未來到，母親怕我應付不來，三番四次游說我將女兒留在醫院託嬰部寄養直至滿月，她說到時孩子一定會很好帶。當年並不流行聘請「陪月」，又請不到好鐘點，母親是惟一協助我處理家務，照顧我坐月的人，我不想也不好意思讓她太辛苦，但又沒有信心自己獨自應付得來，所以聽從了她的意見，將剛出生的孩子留在醫院託嬰部了。

每次去探看她，隔着玻璃總是看到她哇哇大哭卻無人理會，真是又焦急又心疼。一個月後，去接她回家，心中欣喜母女重聚，卻發覺她的臀部嫩肉全潰爛了，是大小便後長時間沒人照顧換片的可怕結果。

新生嬰孩慘受爛肉折磨，當然痛苦不適，又怎會乖乖吃奶和酣睡？所以小女兒回家初期，容易哭鬧，是並不容易照顧的。直到現在，我仍然為當年作出錯誤決定而後悔，內疚不已。

如果現在有人問我把初生嬰孩寄養在醫院或託兒所的意見，我會毫不猶疑地説：「噢！不！這絕對不是好辦法！」

7. 做孫兒伯樂，讓他潛能畢露

祖父母都希望孫兒聰明伶俐，天才橫溢，怎樣才知道孫兒有多了得？以下幾個問題，如果答案都是「是」的話，恭喜你，你的孫兒應該是「資優小靈精」了：

- 他比別的嬰孩學得快嗎？
  例如懂得笑、坐起來、愛走路、手指手腕運用靈活等。
- 他學習語文是又快又準嗎？
  如果你的孫兒在嬰幼期學習語文表現有點遲緩，不用焦急，因為有些天才兒童在嬰幼期也有説話和讀寫障礙的。
- 他有學習和參與的慾望嗎？
  希望加入生活中，和大家一起做許多事，這就是學習和參與的慾望。在參與中，他能學習得更多，並顯露出自己的才華。
- 他記憶力強，有良好的觀察力嗎？
  兒童讓人覺得他聰明，就是他的記憶力和觀察力比其他兒童強，例如能夠記住説話、背誦詩文、愛停駐觀察、輕易地找出東西等。
- 他充滿創意和幻想嗎？
  會自創故事、指揮遊戲；玩家家酒，扮演不同的角色，做相應的舉動，如模仿爸爸媽媽沖茶、煮飯等。
- 他有聯想力嗎？
  天才兒童的聯想力往往出人意表，如在書中看到巴士、電車，便能在路上指出來。
- 他有幽默感嗎？
  即使只有 1 歲左右，天才兒童也能夠在看到有趣的事物時發出笑聲，例如爸爸的怪臉、媽媽的髮捲和婆婆掛在頭上的眼鏡等。

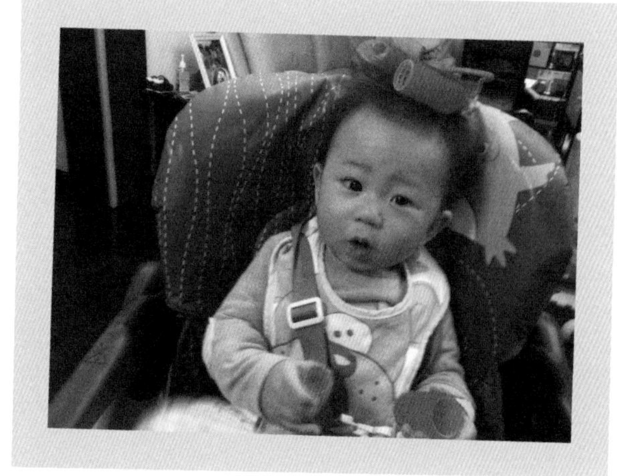

- 他不願睡覺嗎？天才兒童太愛觀察、玩耍和學習，許多都不大捨得睡覺，不能依照大人訂下的作息時間表上牀，上牀還要吵鬧鬥法一陣子。

「天生我才必有用」，孩子的資質表現有遲有早，重要的是，人生的成功，誠信謙虛、努力堅韌、樂助合羣等性格特點，會比聰明才智來得更重要。世上不少奇才其實都先天患有自閉症或有學習障礙，卻對某些範疇有超乎常人的觀察力、記憶力、聯想力或創意，不要小看任何孩子。

學習接納各種可能性。只要祖父母能了解孫兒的長處，就能幫助孫兒增長潛能。

8. 善察童心，做孫兒的傾訴對象

真正理解孩子並不是件很容易的事，孩子有自己的思想感情、情緒感受和獨特心理，性格和能力都不同，許多年輕的父母因為工作壓力和時間不足，未能深入了解孩子；加上受社會風氣影響，不免對孩子作出過分要求和逼迫。

祖父母人生閱歷豐富，時間較充裕，心情較平和，更容易觀察、揣摩孫兒心理，採取適當的方法去指導、幫助孫兒，正好彌補孩子父母的不足。

祖父母，請敞開心扉和孫子交流，設身處地從孫兒角度和高度着想，走進孫兒的內心，傾聽孫兒説話，才能明白孩子心。不要只管提出負面的批評或意見，要讓孩子體會到關愛和溫馨，把你視作傾訴對象，説出內心的感受和見解，抒發情緒。正是這顆愛心、真心和耐心，築建起祖孫間親切親密的關係，祖父母肯對孫兒作真正了解和體諒，孫兒才會樂意親近，並且接受你的指導。

9. 掌握技巧，和孩子愉快溝通

和孩子説話，要純淨，或粵語、或英語、或普通話，選定一種作孩子的第一語言，即母語，純粹而不夾雜，尤其是嬰幼兒，祖父母更要用純粹的母語，給嬰幼兒學習和模仿。

祖父母向孫兒説話，要自然雅潔，簡潔清楚，切勿囉唆，絕不可用粗言穢語，語氣粗暴。輕聲的、溫柔的、親切的説話，讓孩子學到高級的語言，建立良好的表達習慣，也建立了自信，一生受用無窮。

美國華盛頓大學曾做過一個實驗，發現嬰兒能夠模仿大人的表情，能夠從表情上分辨出這大人是否可親。

慈愛可親贏得孩子樂於親近，有助孩子建立自信。祖父母説話要留意表情，多微笑着、充滿愛意、輕柔地和孩子説話，讓他感受到溝通的快樂吧！

不肯開腔的三歲兒

大學一位講師，閒談中提到他的家中獨子，三歲了，要投考幼稚園了，仍然不肯開腔說話，使他夫婦倆焦急萬分，擔心兒子智力發展出現問題。他夫婦倆工作忙碌，早出晚歸，於是聘請了一位外籍女傭照顧兒子。白天他們出去了，外籍女傭又要做家務，又要照顧幼兒飲食睡覺大小二便，可說分身不暇，到有時間停下來，她又忙於和同鄉「煲電話粥」，講電話講個不停。

有一天，講師提早回家，赫然發現外籍女傭安坐沙發上「煲電話粥」，兒子卻趴在她腳下啜她的腳趾！很噁心，是嗎？

每次想起這故事，總覺得這孩子很可憐，在他成長最重要的頭三年中，他被冷落，被忽略，更可說被虐待，被疏於教導，聽不到、看不到語言的示範，怪不得三歲了，仍不肯開腔，發展較一般孩子遲緩，多無辜！

我想，如果他有祖父母在身邊，他一定不會落得如此「對待」！

10. 接受差異，不要比較

中國人傳宗接代觀念頑固，祖父母比較喜歡男孫，有時有意無意作出偏袒男孫，尤其是長子嫡孫的言行，造成家人間的矛盾，十分要不得。男孫女孫都是家族的寶貝，人類的寶貴資源，都應該得到愛護。

男孩女孩的成長並不一樣。通常來說，女孩子專注力較強，對人比較有興趣，性情上比較感性，對語言掌握比較早；男孩子有較大的肺和心臟，愛活動，動手動腳，較頑皮，語言能力發展比較遲，拙於表達感情等，但這並不代表或決定他們將來的成就。祖父母要對他們一視同仁，接受他們的差異，不要比較，表現出對每個孫子都很公平，才不會製造孫兒間的矛盾。如果孫兒間有衝突，不要偏袒，讓他們學習自己解決問題，處理衝突。

一些祖父母也愛將孫兒和其他孩子作比較，比身高，比體重，比玩具，比成績，比學習班等，弄得孩子神經兮兮，以為自己不如人。這些都是負能量，將之撲滅吧！

培育孩子有秘訣：

幫助而不包辦，包容而不縱容，理解而不固執，鼓勵而不強制。

祖父母的疑惑

和孩子的爸媽對教養孩子有不同看法，怎麼辦？

祖父母和孩子的爸媽對教養孩子有不同看法，一點也不足為奇。多數是不滿兩老溺愛孫兒；或者兩老固執，堅持要用自己的方法帶孫兒；又或者覺得孩子爸媽「奉旨」要兩老協助帶孫兒，沒有感恩心，不知尊重老人家，做家婆的對媳婦的成見尤其深。

上下兩代對教養孩子有不同看法，祖父母疼愛孫子，可能會犯以下錯誤：

- 太遷就孩子的口味，孩子愛吃什麼就煮什麼；縱容孩子挑食，以致由挑食發展出不禮貌、浪費、沒同理心的行為；
- 容許孩子一邊玩耍，一邊吃飯；又或者「電視撈飯」，邊看電視邊吃飯，吃飯不專心，浪費時間，養成做事拖泥帶水的壞習慣；
- 不能和家傭和洽相處，專在孩子面前挑剔家傭飯菜煮不好，做事方法錯誤等；
- 事事不讓孩子動手，只由自己代勞或下令家傭去做，免令家傭有機會偷懶；
- 自己説話粗魯，甚至説粗言穢語，習以為常，孩子有樣學樣；
- 父母十分緊張孩子的功課，到了做功課時間，祖父母卻縱容孩子先玩耍，甚至替他做功課；
- 誤用讚賞方法，不停稱讚，讚不得其所，孩子也嫌煩；

- 孩子間有衝突，祖父母卻偏幫其中一方；
- 斤斤計較，貪小便宜，愛批評，凡事叨嘮不休，挑剔刻薄，不近人情……

諸如此類，祖父母宜加細想，自己有沒有做過。

孩子始終是屬於他父母的，祖父母不是主角，只扮演協助角色。孩子爸媽也常給我意見，甚至批評，為了孫兒，祖父母應該樂意放下身段，聽取意見，了解一下現代父母教育觀，彼此協商，訂出教養準則，排出先後次序，為的是要使家庭和睦，孩子得益，也使自己贏得尊敬，十分划算。

為了追上時代，建議祖父母去上上教養訓練班、看書學習，提升水平。

第二章

孩子是這樣長大的

幫助而不包辦，包容而不縱容，
理解而不固執，鼓勵而不強制。

第二章 孩子是這樣長大的

中國傳統智慧有「三歲定八十」之説，西方則提出0至6歲是孩子成長的敏感期，中西方對孩子學齡前照顧和教養的重視，可謂不謀而合。

0至6歲孩子天生有一種想接觸世界的強烈興趣和願望，對四周環境事物充滿好奇和探索激情，對照顧者最依賴和信任，祖父母動起來，積極利用孩子這成長和學習的敏感期，掌握孩子這種與生俱來的敏感性，給孩子最佳的照顧和教養，滿足孩子成長的需要，不要讓孩子因父母工作忙碌而影響強健發育和成長！

觀察孩子，理解孩子，
順應孩子的天性，滿足孩子成長所需，遵循大自然的規則，
儘可能提供一切條件，陪孩子走過成長的每一個階段，
邁向健康快樂成功的人生，
祖父母做得到，請快些去做！

一、8個成長階段，8種需要

在孩子人生學習最關鍵的嬰幼期，孩子的腦內裝進什麼，會影響他的一生。

了解孩子的需要，給孩子必要的幫助和教育。不必要的幫助及事事代勞，只會妨礙孩子的學習和發展。

1. 0-3個月嬰兒期：需要建立安全感

- 協助媽媽哺養和照顧孩子，輕柔地呵護他，給他安全感；

- 小心支撐孩子的承重部位如頭部、頸部、背部和臀部之間，使他感到舒適安全。

2. 3 - 6 個月嬰兒期：需要足夠的關愛

- 當孩子已經能夠自己支撐頭部，逐漸將橫抱改為豎直抱，讓他可以自由轉動頭部，有更廣闊的視野；
- 孩子已能夠辨識大人的表情和態度，大人時刻表情愉悦，有助建構孩子快樂的性情；時刻關注他的心理需要，在他睡前和睡醒，都輕聲地對他說「我愛你」、「我很喜歡你」，讓他感受到愛和學會怎樣去表達愛。

3. 6 - 12 個月嬰兒期：需要安全的保障

- 孩子要練習翻身、坐、爬行了！讓他在安全的環境中盡情做吧！減少摟抱時間，免他過於依賴；切要清除任何他可以吞下或塞入耳道的細小東西、化學劑、藥物，以免造成危險；

- 孩子主要靠觸覺學習，喜愛抓放東西入口，透過舌頭去認識事物，盡量讓他抓、握、咬東西，只須注意家居和玩具的安全和清潔；報刊等印刷品有鉛毒，要放好。

4. 12 - 18 個月幼兒期：需要探索的機會

- 這是孩子碰碰跌跌的時期，要教他學習怎樣跌得安全；替他建立安全守則，教他分辨危險對錯；
- 孩子學行了，也就是發展大小肌肉的時期，他的表現可能像破壞王，到處倒、擰、敲、舀、塞、穿、插東西，不須橫加阻止，建議提供相應玩具如豆袋、小沙包、泥膠、擲圈棒、樂器、套套杯、小哥爾夫球、小籃球架、小工具等玩具，讓他練習；

- 多帶孩子到戶外大自然環境中跑跑跳跳，大自然是最好的老師；商場物質誘惑太大、冷氣太凍，不是好選擇；
- 為孩子創造有利探索的環境和條件，購置益智玩具及繪本，滿足孩子探索的慾望。

5. 18 個月 - 3 歲幼兒期：需要建立自理能力

- 給孩子自己學習和玩耍的角落，教他將各種物品擺放整齊，使用完畢後物歸原處；教他執拾自己的餐具，交到廚房等，養成他良好的生活習慣，建立自理能力；
- 孩子的自我意識萌芽，能自覺地表達意見，會説：「不」、「不要」、「no, no」；

- 孩子需要朋友，帶他和其他孩子玩吧；培養他的禮貌習慣，如教他揮手拜拜、飛吻等；可以報名參加幼兒遊戲班（Playgroup），但所費不菲，最好是為他組織親友間或孩子爸媽同學朋友間的幼兒遊戲組，定期見面，在互動中學習品德和與人相處。

蒙特梭利的建議

意大利著名教育學家蒙特梭利（Maria Montessori）認為根據孩子的生理發育，不同年齡的孩子可以負責不同的工作：

- 2 歲，可以洗抹布
- 3 歲，可以自行用抹布清潔櫃子
- 4 歲，可以洗刷地板
- 5 歲，可以疊被子和整理牀鋪
- 6 歲，可以洗自己的衣物

6. 3 - 6 歲幼稚期：需要建立良好習慣和嗜好

- 維持孩子的生活秩序，有助養成良好生活習慣，也有助奠定良好的時間觀念，一生受用無窮；
- 接受正規學習對幼兒來說是人生大事，要全力協助他適應並喜愛幼稚園學習生活，如多說校園趣事，多到學校探訪；
- 孩子需要朋友，可惜未懂和人相處，容易出現與同學爭拗，相處不佳的問題，要時加留意，適時引導；協助孫兒嚴選朋友，遠離性格怪異，言行粗鄙的成人和小孩；

- 香港幼稚園全屬冷氣空間，讓孩子穿有領上衣保護頸背風池穴；體質孱弱的幼兒易患上冷氣病，要嚴防誘發敏感症；平日多煲一些保健湯水加強體質。

7. 6 - 12 歲兒童期：需要學習及生活的指引

- 升小學是孩子的人生大事，需要助他適應學校生活，功課上遇到疑問，不要直接提供答案，而是給他指引，讓他自己思考；只要孩子有一科出色或有進步，要表示為他感到高興；
- 滿足孩子運動的需要，功課重要，但每天有遊戲和運動時間更重要！小學階段的孩子，正值生長蓬勃期，精力無窮，尤其需要帶氧運動，讓孩子跑步、踏單車、遠足、游泳、打球吧，助他塑造完美體格；
- 進一步加強人格建立、知識吸收、體能鍛煉、社會秩序的認識及社交能力的培養，讓他獨立自主地解決問題；如孩子遭遇挫折和失望，祖父母可加以安慰及勸解，但勿處處代勞或代為出頭；
- 孩子需要親人，並對他們的事充滿好奇，尤其想知道祖父母和爸媽的事，和孩子多說一些自己和他父母成長的故事，有助加強祖孫和親子間的感情，增加對家庭的歸屬感；
- 良好行為能吸引正能量，教導孩子在公眾場所遵守秩序，如排隊上車、先下後上、遵照交通燈指示過馬路、不可亂拋垃圾、在公園不可攀折花木、在電影院不可喧嘩、在公共交通工具的

車廂內不可進食等社會規則，使他成為良好公民。

8. 12 歲以後少年至青年期：需要繼續感到愛

- 這時候的孩子，已經為成為大人做準備，但不要以為他完全獨立了，要使他認同處理好自己的生活，處理好個人物品，建立作息計劃的重要；
- 鼓勵他充分利用時間運動，提高體質和學習效率；衣着得體，配合場合和活動，是愛自己的表現，能突出自己，增強自尊和自信；
- 不要給孩子太多零用錢和物質，所謂「富爸爸窮孩子」，養成儉樸習性，能減低物質的引誘，將來才不會因貪念而行差踏錯；
- 扮演最佳的聆聽者，少年期的孩子，就讀中學，自有主見，不愛他人急於指導，要保持必要的沉默，將他視作大人般，除非他徵求你的見解，否則，只須給他支持和諒解，他會感激不盡；多和孫兒聊天，天南地北，他感到舒暢，自會剖白內心；
- 成長需要紀律和勇氣，鼓勵他善交朋友，支持他加入制服團體，學習步操、求生技能，培養英氣，同時建立服務他人的志向；
- 青春期的孩子，學習壓力極大，選科彷徨、考試壓力、情感困擾，越高年級越嚴重，給他愛的鼓勵，默默支持，讓他明白學歷的重要；如果可以，引導他自己找出人生答案，幫助他儘早解決困難。

二、幾個基本，必須注意

1. 孩子和媽媽的最親密關係

- 母乳餵哺是聯繫親子關係最親密的紐帶，最神聖的任務，從媽媽乳房啜吸乳汁，孩子會感到舒適和滿足，無可替代；嬰兒在吃媽媽乳汁時，祖母不要去騷擾，這是他們母子最親密的時間，不用嫉妒；
- 據研究，嬰兒在出生後遭受不愉快，將會影響他一生，所以把初生嬰孩寄養在醫院、託兒所或保母處，會被照顧不周，絕非好辦法，如果祖父母肯參與新生孫兒的照顧，和孩子媽媽合力教養，無異減少新生嬰兒父母的顧慮，合力給孩子最好的；
- 不要忘記給孩子媽媽關心和照顧，產後的她需要長輩的體諒、關心、照顧和愛護，只有媽媽開心，乳汁才最有益；給孩子媽媽預備最富營養的新鮮有機食物和純淨水；並給孩子媽媽調理身體，如忘記了產後如何進補，買本有關書籍便可以解決問題；如果經濟條件許可，聘請一位經驗豐富的「陪月」保母可減輕祖母的辛勞。

嬰兒的憤怒

5 個月大的小熙正舒適地躺在媽媽懷中，雙眼閉着，雙手抱着媽媽的乳房，享受着啜吸母乳的幸福。婆婆入房中和媽媽說話，小熙倏地睜大眼睛，轉過頭來，對着我吵叫，雙眼還流露憤怒的情緒！婆婆沒有生氣，小熙和媽媽母子心連心，這是天性，婆婆算是親眼看到了，嬰兒原來會憤怒，還會表達憤怒，真有趣！

2. 吃是頭等大事 15 條

愛孩子，要把吃和教吃視作頭等大事：

(1) 鼓勵並全力支持新媽媽用母乳餵哺嬰兒，母乳中含有大量免疫物質，可增加嬰兒抗病能力，有助嬰兒免受病染而生病，是孩子收到的最佳禮物；愛媳婦如愛女兒，就是愛你的孫兒；

孩子，你為什麼不吃媽媽的奶？

當然，我從醫院託嬰部把小女兒接回來之後，也嘗試過餵人奶，可惜小女兒已習慣啜奶嘴吃牛奶，怎樣也不肯從媽媽的乳頭吸啜人奶。小女兒不賣力，呱呱哭鬧，加上乳汁不足，使我這新任媽媽在餵哺時感到壓力很大；而我的媽媽基於愛女之心，極力勸說我放棄，說餵人奶太辛苦；丈夫也認為餵奶粉沖調方便，同時可讓他負責晚上的餵飼，讓我休息。終於，在沒有鼓勵和支持的情況下，我放棄了做媽媽的最神聖任務。

這實在是做媽媽的遺憾。

(2) 母乳雖營養全面，但到適當時候，仍需恰當添加其他食物作營養補充，祖父母可以精心為孫兒預備合適的湯水、稀釋的果汁及新鮮的固體食物；不要誤信廣告，隨便餵以罐頭嬰兒食品（Baby food）；在孩子乳齒出齊，咀嚼能力加強，可以吃成人食物時，要避免調味品及刺激性強的食品；

(3) 堅持吃得有智慧：祖父母宜親自上市場，選購新鮮食物而非加工食品，最好是有機的；五穀雜糧，多色蔬果，粗細交替，葷素均勻配搭；給孩子和他媽媽最好的，不要只求節儉，購買次新鮮便宜貨，或給孩子媽媽和孩子吃隔夜飯菜；祖母也要注意不要攜太重的東西，如有家傭，帶她一起上市場，以減少辛勞，如沒有，便量力而為，一次不要買太多，也可以請祖父幫忙；

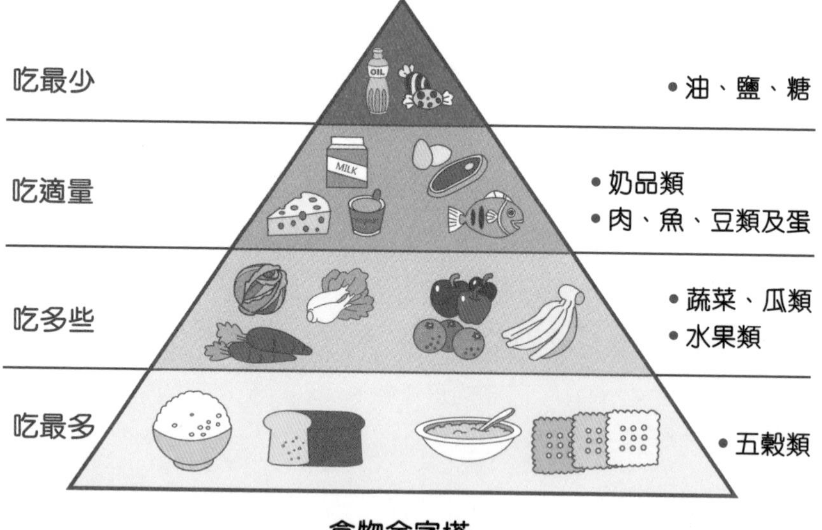

食物金字塔

(4) 如用奶瓶餵人奶或奶粉水，要由爸爸媽媽或祖父母親自抱着餵飼，不要假手於保母或家傭；

(5) 孩子可以自行進食時，指導他正確姿勢和方法，保持餐桌清潔；如果孩子不肯自己吃飯或把食物弄得滿桌滿地都是，只是因為他的進食技巧未掌握好，不要心急，繼續鼓勵；把握他願意拿起小勺子，掬起食物放入口中的機會，借助小勺子上的圖案教他認住持勺的正確方法，比如勺子上有一個小熊圖案，可以讓孩子認住小熊，就不會再把勺子反轉使用了；

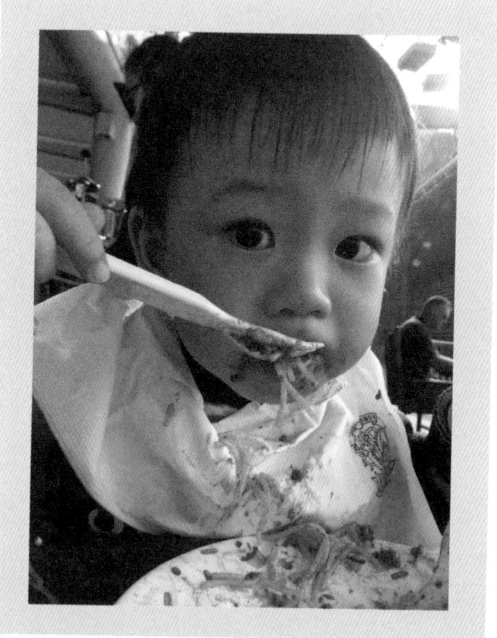

(6) 孩子可能心急去玩，進食時不加咀嚼，狼吞虎嚥，祖父母要提醒和鼓勵他細細咀嚼，慢慢進食，尤其不要容許家傭催促他趕快吞嚥；即使孩子邊吃邊不停説話邊玩玩具，吃得不專心，也不必完全禁止，更不要斥責，只要適當地提醒他吃飯説話會噎着便可；

(7) 孩子年歲漸長，若兩餐之間需要茶點，可以選擇水果，不要隨便給予零食，養成壞習慣；有些祖父母愛孫情切，孫子一放學，便給他吃腸仔包、蛋糕、薯片，甚至帶他去吃漢堡快餐、炸雞、薄餅、雪糕……不但弄得他連正餐也沒胃口吃，更使他變得肥胖，健康欠佳，學習遲緩，被人取笑，甚至滿口蛀牙，真正愛之變成害之；

(8) 多在家煮食，提供品種多樣的膳食，若孩子挑食，如不肯吃菜，不要無原則地遷就，要想辦法使他接受，例如可將菜和肉拌在一起烹調；為了孩子健康，嚴守綠色和多色蔬果陣地；

(9) 帶幼兒外出用膳，要為他自備食物及餐具，外面的食物太多添加劑，而且食具可能殘留洗潔精，有害孩子身體和情緒健康；

帶幼兒外出用膳，要為他自備食物及餐具。

小熙的疹

16 個月大的小熙，跟我們一家人上館子，媽媽沒為他帶備食物，說是想讓他嘗試吃酒樓的東西，作為祖父母的也不便出言阻止。反正只是蒸魚和菜，應該沒問題吧？看，小熙也吃得津津有味呢！

怎知道，第二天，小熙身上便爆出了一粒粒小紅疹，做醫生的爺爺說是幼兒受不了外面食物的油膩和調味品所致。是的，吃外面的東西，我們怎知道加了些什麼？

婆婆決定要提點小熙媽媽，一定要堅守安全飲食防線，不能因家傭忙碌或放假而放棄！

(10) 孩子升上小學，功課逐年增加，需要更多營養，務必要求孩子吃早餐；許多少年人空着肚子上學，影響健康和學習，不

可漠視不理；為他做好早餐，趕不及吃也要帶回學校；

(11) 施行「食育」，和孫兒一起購買、準備、烹調食材，以及收拾飯桌，教孩子認識食物的特性，均衡的飲食，維持身體內部的平衡，以免影響到智能、性格發展，對情緒、行為產生負面的影響；「治大國若烹小鮮」，獨立與做事能力由此建立；鼓勵他入廚房，和他一起看烹飪節目，學習飲食的學問，讓他學會愛物惜食感恩外，還能提升學習和做事效率；

(12) 不論孩子是什麼年紀，都應該多和他一起用餐，和他談談話，製造愉快輕鬆的進食氣氛和環境，讓他覺得和家人一起吃飯是一件快樂的事，不要老加教訓；如果年幼孩子進食時老是掉食物，這有什麼大不了？耐心地教，孩子會開心自信地做得到，有助增加他的成就感，養成獨立性格；

(13) 小學孩子零用錢在手，學校小食部及超級市場零食成為最愛，要每天為他預備點心，帶返學校，避免他亂吃東西，為健康埋下炸彈；甚至可向學校反映有關小食部售賣零食的意見；中學孩子多在外吃快餐，容易引致癡肥，甚至年紀輕輕便成為高血壓、高血脂、高尿酸及高血糖的「四高」病患，叫人痛心；

零食的誘惑

孫兒爸媽要上班，又不想孩子輸在起跑點，於是為他報英文遊戲班，由婆婆和家傭帶上課，婆婆當然義不容辭。

在遊戲班教室，小休時，帶小朋友來的家傭紛紛取出小脆餅、餅乾條、蛋糕等零食給孩子吃，之後也沒有給孩子喝水。我家孫兒的家傭姐姐也不例外，拿出小脆餅，婆婆看見，立即沒收，代之以一早預備了的香蕉，1 歲左右的孫兒十分喜歡，對他來說，他還未有吃脆餅的心癮，香蕉吸引得多呢！

(14) 督促孩子適時適量補充水分，養成定時喝水的習慣，水分充足有助腦部靈活運作，缺水會令孩子變「蠢」；

(15) 不要用食物作賄賂或獎賞，使孩子以為生活的目的就是為了吃喝，容易形成自私、狹隘的性格；也不要以捱餓作懲罰，使他以為不被愛，性格因而變得憂鬱、陰沉。

3. 愛孩子，給他三安：安全感、安寧和安全守護 30 條

增加安全感 7 條

(1) 隨時溫柔地回應嬰幼兒的呼喊，和他說母語，使他能夠在熟悉感中建立安全感；

(2) 祖父母怕孩子着涼，常常為他穿上太多衣服，結果綑手綁腳，妨礙自由活動，這會使孩子失去舒適感、安全感；

(3) 讓孩子按照生理時鐘，養成生活規律，生活秩序遭受破壞，孩子會失去安全感，表現煩躁、哭鬧；

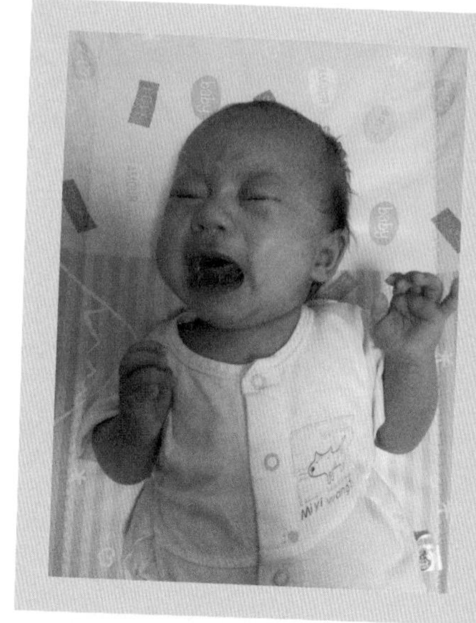

街上的夜鬼

曾和小熙英文遊戲班的外籍老師 Teacher Daniel 談起孩子教養，他說不明白為什麼在晚上，仍有許多父母及祖父母帶幼兒外出，晚上 8 點的街上，固然有不少；9 點仍然有；10 點了，他仍看見有些父母不讓幼兒上牀睡覺，香港的家長是怎麼回事？

可是，到孩子晚上興奮過度，睡不着覺，又會招來責罵；久而久之，養成遲睡習慣，阻礙發育，孩子多可憐！

(4) 給孩子換尿片時輕輕撫摸孩子，和他說話，表達對他的愛；換尿片是最親密的祖孫互動時間，祖父母記得常用潤手霜，保護雙手皮膚滑溜，溫柔地給嬰幼兒傳遞愛意；

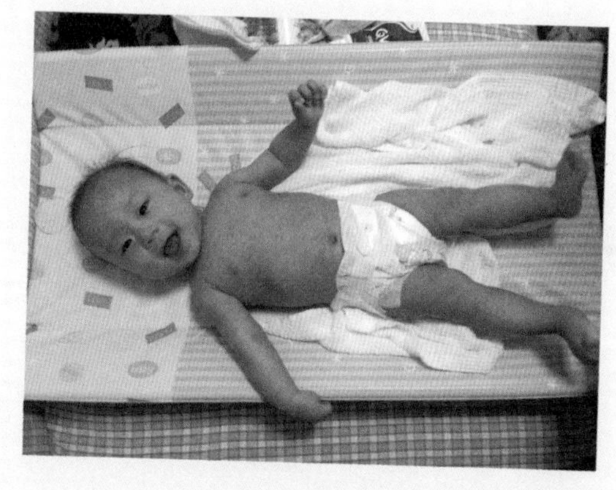

(5) 洗澡是孩子最喜愛又會害怕的時刻，堅持親自為孩子洗澡，讓洗澡成為樂趣；用最輕柔的動作，輕輕觸摸他的身體，和他說話，教他認識身體各部分，祖孫互動促進他的腦部神經發育；

他是一塊紙板嗎？

小熙媽媽聘請了一位「陪月」保母，照顧嬰兒和自己的飲食，有時為了自己的休息，也會泵好奶水，放在雪櫃，讓保母定時餵奶。有一次，婆婆看見保母一邊餵奶，一邊搖着奶瓶催促嬰兒，自己還一邊看着身旁的平板電腦畫面，那一心三用的焦急，使做婆婆的我很不以為然。

又有一次，婆婆去探嬰兒，保母正為嬰兒洗澡，一隻手抱着他，手法的確嫻熟，嬰兒沒有哭，卻扁着嘴，撐開手足，伸直四肢，像一個紙板人。保母大手一按，按出五元硬幣般大小的梘液，塗在嬰兒頭上，揉出了一大堆梘泡，只見她掬了些清水，兩下子便算洗去，然後將嬰兒斜放在浴盤中，用毛巾先抹兩下，接着反轉，又抹兩下，洗完！嬰兒的四肢，就一直撐着，沒鬆軟下來。保母的躁急嬰兒是感覺得到的。

婆婆終於按捺不住，將所見的向小熙媽媽報告，着她留意。

(6) 睡前為他講故事，進行祖孫對話；陪伴他，讓他帶着你的愛，睡着也發笑；

(7) 孩子「黏人」，特別是他的照顧者，此乃因為面對陌生人，缺乏安全感，可慢慢地引導他熟悉周圍的人，不要讓他太「黏」家傭。

營造安寧 6 條

(1) 精心設計和布置孩子成長需要的寧靜環境，家人保持和氣，有話好說，不起爭執，使家居充滿寧靜溫馨的家庭氛圍；

(2) 年紀大的人習慣大聲講話，愛不停講電話，把電視的聲浪調得比較大，這都會使嬰兒受到驚嚇，祖父母要記着致力營造安靜舒適的環境，讓嬰兒能夠保持平靜和酣睡；

(3) 一些祖父母，甚至父母，為免孩子吵鬧，會給奶嘴嬰幼兒啜吸，或讓他含着奶瓶睡覺，片刻的安寧換來孩子依賴的壞習慣，也會造成嘴形改變，不值得；

(4) 孩子是天生音樂家，能夠跟着音樂節奏作出反應，如拍手、搖頭、扭動身體，可以在家中播放柔和樂章讓孩子聽，但聲量不要太大；

(5) 給孩子顏色筆和紙張，繪畫能使他安靜專注；

(6) 經常帶孩子到戶外大自然的環境中自由活動，探索和感受大自然的寧靜，曬曬太陽，讓腦部分泌快樂荷爾蒙安多芬（Endorphin），有益健康成長。

安全守護 17 條

起居：

(1) 祖父母照顧孩子睡覺，為求方便，愛同牀共被，千萬使不得，易生危險，切忌；

(2) 上一輩人愛使用洗潔精、殺蟲水等化學劑，其實茶葉水能去油膩、橙皮能驅蚊，不要讓孩子冒化學劑毒物的危險；

(3) 孩子愛攀爬，特別要小心可活動的傢具，如桌子、椅子、梯級、非固定的書櫃、雜物架等，意外就是意外，如果被孩子拉倒下來，後果不堪設想；

(4) 在嚴冬季節，勿讓孩子赤腳在冰涼的地板上行走，這會令他吸收寒氣着涼，老流鼻水，讓他穿上防滑襪子或室內鞋子吧。

驚心動魄，婆婆被嚇着了

1 歲左右的小熙，常常上演驚慄片，把婆婆嚇個半死。

本來好端端地坐着，他忽然會「嘭」的一聲向後仰跌，後腦着地。

本來穩穩地走着，他忽然會踩着地上的什麼滑倒，「嘭」的一聲向後仰跌，後腦着地。

經過幾次，婆婆學乖了，和他坐在地墊上玩或講故事時，會坐在他側面略後的位置，並且將枕頭放在他背後作軟墊，保護他的後腦和脊椎；更時刻清理散在地上的玩具，以防他踩着滑倒。

走動：

(5) 孩子學行時，請大刀闊斧丟掉雜物，整潔家居，注意地板防滑及清理地上物品，避免孩子踩着雜物而滑倒受傷，千萬不要因為疏忽或節儉而種下禍根；孩子爸媽如未有時間把牆壁、櫃子、桌子尖角用軟膠包裹起來，祖父母不妨代勞；這些軟膠在家居用品店有售；萬一孩子跌倒了、撞疼了，要表現輕鬆，緊張或責備家傭亦無補於事；

(6) 當孩子走路越來越穩當，會特意走上斜坡，上下樓梯，走上路肩或矮牆等高低不平的地方，有些祖父母擔心孩子安全，會橫加制止，或緊張扶持；其實，孩子正在通過身體活動自我練習平衡感，鍛煉大腦、神經系統、身體和地心引力之間的協調能力，掌握分寸感，培養自信心和意志力；

(7) 不要浪費金錢買俗稱「狗帶」的「學行帶」，用「狗帶」只會妨礙他學習跌倒的技術和勇氣；

(8) 不要鼓勵孩子走在溝渠蓋上或山坡邊沿，免生不可預知的危險；孩子跌倒，不要表現緊張或責打地下；

未學行先學走，碰跌何時了？

1歲多一點點的小熙，步履未穩，已開步跑，照顧他，少一點留神和精力都不行。

有一次，在平台上玩，他一開步便跑了開去，「嘭」的一聲，婆婆和家傭姐姐眼睜睜看着他向前跌倒，前額碰地，瘀了大片，腫了起來，他哭聲震天，家傭衝過去拍着地下罵：「地下曳曳！」婆婆立即制止她，走路跌倒是自己太心急所致，豈能諉過於地，這樣下去，長大之後，只會諉過於人，變成不負責任的人。

婆婆走上前去，見他沒傷着鼻子牙齒，於是安慰他說：「小熙跌倒，哪兒痛呀？」他指着額頭，「哦，沒事啦，自己爬起來吧。」小熙爬起來後，婆婆慈愛地摟着他，對他說：

「小熙真勇敢，以後走路小心點喔。」

婆婆還教他跌倒時，要伸出雙手按着地面，保護臉部的動作，他立即學會，還一邊示範動作，一邊告訴婆婆：「跌跌，按住。」

小熙走路常常跌倒的問題，據婆婆觀察，是媽媽誤信什麼醫生健康鞋的宣傳，買給小熙的鞋鞋頭太大，鞋底太厚，鞋太重，小熙走起路來，左腳踢右腳，不跌倒才怪！

(9) 兒童公園是好去處，但帶孩子去遊樂場，須觀察地方是否清潔，設施是否穩妥，幾歲大的小朋友是否橫衝直撞，威脅幼兒安全；

(10) 培養孩子戶外運動的習慣，和兒童期孩子玩抬腿、捉迷藏、翻滾、推小車、踩單車等遊戲；引導少年期孩子練習游泳、攀石、爬樹、種植等基本技能，強健身體，培養勇氣，發展大腦，充分發展手部的靈活和腳部的力量。

五官：

(11) **保護孩子聽力**：教他規範語言，勿用不雅說話污染他的耳朵，說話保持溫柔輕聲；小心不要讓孩子將玩具小組件放入耳道；如發現孩子聽覺突然變差，或常側起一邊耳朵聽聲音，或訴說耳朵痛，須立即通知父母帶他去看醫生；

(12) **保護孩子視力**：給孩子吃紅蘿蔔、藍莓等有益眼睛的食物；兩歲之前，零電子產品視覽；

(13) **保護孩子牙齒**：嬰兒一般在 6 至 10 個月時開始出牙，別忘記每晚用嬰兒牙刷為他刷牙，蛀牙後果堪虞，「含飴弄孫」絕非好做法。

姿態：

(14) 培養孩子注意姿勢的習慣，教導孩子站、坐、走路、玩耍、背書包、做功課、閱讀的正確姿勢；所謂「站有站相，坐有坐相」，保持脊骨正直，立要正而雙肩放鬆，坐要腰肩端正自然；姿勢正確，有助塑造完美體形；注意孩子鞋底，如兩邊磨損不對稱，即表明脊柱不正，會使孩子健康失衡；

(15) 孩子多喜歡提着重物走路，容許他搬運東西，讓他充分使用雙手，使雙手變得更加靈巧協調，有助其智力發展，他正在鍛煉和發展小肌肉，不要誤會他「搗蛋」，怕他弄髒地方，怕他弄壞東西，因而盲目阻止。

小熙和他的小桌子小椅子的故事

為了方便16個月大的小熙畫畫、玩耍和吃茶點，媽媽為他預備了一套幼兒專用的小桌子小椅子，小熙覺得很有趣，很愛坐在小椅子上活動，尤愛在桌面上塗畫，他的線條甚至繪到桌子腳上，家傭姐姐每次見到都要禁止，但被婆婆阻止，那些幼兒顏料，根本可以用濕布抹掉，又何必阻礙小畫家發揮呢？

18個月大的小熙，忽然又發明了新玩意，愛用雙手抬起小椅子，從這兒搬到那兒，或將小桌子推來推去，力大無窮，他在鍛煉大小肌肉，樂此不疲，他樣子認真的，蠻勁十足，十分可愛。

其他：

(16) 無論你多愛你的智能電話，也不要在嬰兒房間使用手提電話、充電器和電腦，電磁波會污染環境，干擾孩子成長；不可讓孩子太早觀看電視、手機或電腦；禁止家傭在工作中玩手機；

(17) 教導孩子正確行為和社會知識，是保護他的有效方法。

4. 愛得恰當，讓他學習自理 10 條

(1) **按步就班**：按照孩子的能力發展，讓他學習自理：如讓他自己拿奶瓶，發展手握能力及自理能力，他會覺得自豪；

(2) **自己進食**：讓孩子自己進食，指導他正確使用幼童食具和優美的進餐姿勢，尤其是持筷子的手勢，使他顯得有教養；注意衛生，不要和大人共用餐具；

(3) **馬桶訓練**：不用穿尿片是孩子的大解放，當他能夠理解大小便時，祖父母即要開始訓練孩子坐馬桶，家傭通常會嫌麻煩而拖延不教；

(4) **個人衛生**：讓孩子學習自理，如獨自睡覺，打理個人衛生；為他預備專用洗臉盆和用品，教他刷牙的正確方法，洗臉正確步驟，能夠自己刷牙洗臉，有助他建立內在秩序感；教他常洗手，保持清潔，注意到自己的成長，愛護自己；

(5) **清潔家居**：給孩子小抹布、掃帚和畚箕，讓他參與清潔家居的環節；讓孩子幫忙收拾碗碟，他會很高興；

(6) **自己執拾**：教孩子玩耍之後執拾玩具，預備不同膠箱給他分類放好；對就學孩子，須加強訓練孩子的自理能力，讓他整理好

自己的物品，自己收拾書包，檢查功課；

(7) **避免過勞**：注意孩子是否過度疲勞，了解他疲倦的原因，並積極幫助他找出解決方法；提醒他定時定量休息，可以為他播放音樂，讓他繪畫，適時調校左右腦運用，甚至去平台玩一下，和你一起散散步，放鬆身心；

(8) **出現異常**：要善於從孩子的行為推究孩子的生理心理，及早發現他的需要；假如孩子生理上出現問題，包括經常頭痛胸悶、食慾不振、頸部及肩膊僵硬麻痺、感到疲倦及健忘，甚至心跳不正常；心理方面則是自我期望過高、表現煩躁、緊張及憂慮、常常生氣、學習不能專心；行為上出現做功課時常犯錯、做事提不起勁、與同學相處不佳等情況，便是過度疲勞的徵兆，必須儘早通知孩子父母處理；

(9) **處理發燒**：孩子發低燒，如果他能玩會說，耳朵屁股發涼，不用擔心，孩子可能只是生理性發熱，而非風寒、食積等病理性發熱，可先用毛巾浸溫水擰乾，擦擦孩子腋下、後背、前胸、大腿等，幫他降溫，給他多喝水，繼續觀察；

(10) **使用電腦**：現今小學規定孩子用平板電腦和上網學習，教導孩子正確使用方法，留意孩子使用電腦和手機情況，協助孩子父母監察孩子，養成使用得宜的習慣，以免過度使用，損害身心健康。

孩子愛勞動

1 歲的小熙，愛模仿家傭姐姐抹地，一次，他倒瀉了水，媽媽給他一塊抹布，他立即蹲在地上彎下腰抹呀抹，誰知道

頭重腳輕，變了滾地葫蘆，因工受傷了，得到的補償是媽媽的擁抱和鼓勵；18 個月大，我們教他把換下來的尿片拿去丟棄，他十分落力，因這是他可以接近廚房門口的機會；20 個月大，他愛和婆婆玩清潔家居遊戲，他有自己的小掃帚和小地拖，他愛用小地拖拖地，婆婆則要負責掃地，來回幾十次，樂此不疲，玩得不亦樂乎，婆婆彎着腰，要遷就小掃帚的高度，和他步伐一致，合作無間，直至他叫停，哎，要命的運動！

大人都會擔心十多個月大的幼兒拿不好碗碟，小熙 18 個月大的時候，婆婆教他持着瓷製生果碟，拿去廚房交給家傭姐姐，每一次他都拿得很穩妥，而且，送交生果碟，已經成為他每次吃水果之後例行要做的事。

5. 同行有你有他

- 偶爾帶少年孫子上館子「撐枱腳」，享受美食、暢談美食與人生；
- 出席孩子學校的開放日、演奏會、結業禮等，認識他的同學和老師，讓你更了解他，知道怎樣愛他；
- 如經濟條件許可，支援孫兒走向世界，如贊助他參加學校舉辦的優質遊學團，到外國交流、學外語等；或和孩子一走去旅行，在輕鬆中開拓眼界。

祖父母的疑惑

可以給零食孩子吃嗎？

當然要給，為什麼不？孩子的胃很細小，滿得快，排空也快，胃口非常大，每日三餐已經不能滿足他的要求，他需要在正餐以外的「零食」。

須注意的是「零食」的種類和質素，給孩子有益的零食，親手做最佳；但不要在正餐之前給予，也不要不停給東西他吃，否則會干擾了正常消化，引致蛀牙；更不要在他做得好，或受挫折，或要他乖乖合作，或他覺得悶時給他零食，以免混淆他的注意力和價值觀。

香港中文大學一項涉及萬多名學生的大型調查發現，香港有許多中小學生不吃早餐，空着肚子上學，反而天天吃薯片、巧克力等零食，吃杯麪飲汽水填飽肚子，在接受調查的 3,644 名小學生中，就有 16.8% 超重，當中 4.5% 屬癡肥，男童比女童嚴重；中學生方面，14% 中學生不吃早餐，愛汽水和炸物、漢堡包、雪糕等「垃圾食物」，13.9% 超重或癡肥，自我形象低落。

澳洲一些幼兒中心實驗發現：幼童攝取太多糖分，會出現過度活躍的情況，較難使他們安靜，集中精神，改以鮮榨果汁代替汽水等炭酸飲品給他們飲用，一段時間後，「小跳豆」們漸漸趨向安定，能夠專心進行學習活動。

日本文部省（教育部）曾做過一個校園暴力的調查，指出校園暴力事件有上升趨勢，可能與孩子飲食習慣有關。那些包含許多添加劑的零食和垃圾食物，提供卡路里、脂肪及糖分過高，礦物質和維他命不足，根本沒法使腦部思維、控制情緒和行為，導致人不能專注學習、記憶力衰退、心焦氣躁、容易發脾氣。

為吸引孩子對吃的興趣，可以和他玩家家酒的遊戲，同時能訓練聯想力、想像力；還可以和他一起準備食物，進行「食育」，所謂「治大國若烹小鮮」，讓孩子參與烹飪前的工作，有助腦部發育，開發智慧。

用循序漸進的手法幫助和引導孩子建立起健康的飲食心理和習慣，孩子健康地成長，這不正是祖父母最大的心願嗎？

第三章

要成才，先成人：有品走遍天下

以人格養成人格，
以才華鑄造才華，
以生命影響生命。

第三章 要成才，先成人：有品走遍天下

一、現代社會品格觀

現代社會資訊傳播快速發展，強調自由，挑戰權威；教育「重智育輕德育」、「重分數輕質素」，社會規矩要求日低；加上媒體偏頗的報導；網上誇張顛倒的宣揚，以致影響人們，尤其是下一代的價值觀。

性格品德決定命運，在民主自由時代，良好性格和品德教育更顯重要。為了使孩子能更快樂地面對成長，必須培養孩子良好的性格品德。可惜現今父母和老師工作過於忙碌，又只知偏重孩子成績，沒有時間施以「言教」、「身教」，可幸中國人家庭觀念深厚，祖父母正可肩擔重任，傳承優良文化，作孩子表率，人格感化，使孩子在耳濡目染中，得到潛移默化。

家庭文化如同無形之手，潤物無聲。世上沒有生下來的壞蛋或不可教的孩子，但孩子心田須播下好種子，成人須在孩子小時開始，向他灌輸正確價值觀，助他塑造良好性格和建立崇高品德，使他的人生有正確的方向，祖父母絕對可以發揮作用。孩子有信念和道德為生命掌舵，一定會成為家族榮耀，良好的公民，社會國家棟樑，成就自己，成就人類偉大的事業。

據香港聖公會小學輔導服務處近年的調查，在4,000多名育有就讀小學子女的家長中，以子女的品格列為關心項目的只有13%。如果家庭失了品德教育的屏障，孩子人格和價值觀有所偏差，我相信，只會為孩子人生旅途植下許多荊棘，成為成長的阻

力，孩子難教、家長難過、社會受累、國家積弱，對誰都沒有好處。

祖父母以慈愛和道德建立威信，贏得孩子的喜愛和信服，才能協助管教孩子。祖父母威信何來？只能建立在自己的言行舉止上，使自己的言行舉止成為強大的教育能量。

強國的教育

美國總統奧巴馬（Barack Obama）曾經說：「教育是建國之本，美國要加強競爭力，必須加強教育。」奧巴馬特別指出，在南韓，老師被尊為「國家的建造者」，美國應該學習南韓尊師重道的精神，讓好老師得到回報，他同時強調，不可以再為壞老師找藉口。

中國何嘗不然？

可見教育孩子，不僅僅是父母的事、家族的事，更是整個社會國家的大事，要把孩子看成整個未來一代的一員，只有上一代人能盡心培育好新一代的孩子，社會國家才有更好的發展。

人類是智慧的動物，成長發育，不但需要營養、物質，更需要精神道德的養分。在做人、學業和事業成功的各種因素中，良好個性的重要遠勝卓越的智力。

管教孩子，理所當然，但管教過寬，易流於縱容；管教過緊，又會惹起反感，甚至反叛，如何才管教得宜，寬緊恰當，值得琢磨。無論如何，大前題是心存尊重，互相溝通，設定規範，明確要求，緊守底線。

學習的動力是愛！

二、孩子心理成長的幾個重要階段

1. 0 - 6 歲嬰幼兒階段

是人生最重要的時期，通過觀察模仿，加上先天性情特點，奠定性格基礎。如果家人能夠以身作則，了解並根據幼兒的天性和遭遇，適時適當地順勢教導，不強他所難，不給他壓力，幼兒必能形成良好的性格，快樂地過渡到兒童期。在幼兒期受到照顧者的傷害，或者其他障礙，性格行為就會出現偏差；如果問題得不到注意，那些性格上的缺陷便會保留下來；發展到 6 歲時仍得不到改善的話，將會影響到兒童期人格的建立。

0 到 6 歲嬰幼兒階段又可以劃分為兩個心理成長時期：

0 - 3 歲：是心理形成的階段，是秩序敏感期。設定良好的生活秩序，形成良好習慣。

3 - 6 歲：是性格和社會觀念形成的階段。2 歲開始自我意識萌芽，3 至 4 歲是彆扭期，表現執拗。宜順應孩子個性，因勢利導。

2. 6 - 12 歲的兒童階段

學校教育和社會環境開始影響到孩子的心理和性格發展，孩子大量學習和吸收社會知識和觀念，形成自己的心理世界、性格特點，並逐漸深入心理行為中。在這時期，如果父母、祖父母和老師能夠身體力行，表現高尚的品格行為，讓孩子有良好的學習和模仿對象，必能形成正確的是非觀念、行為和道德標準，順利過渡到少年期。

3. 12 歲以後少年到成年階段

孩子受體內生長荷爾蒙的分泌，加上更多的學校和社會因素影響，如升學、交友、情感、家庭、社會、政治等重大事件開始進入孩子的思想，使孩子仍然脆弱的心理世界漸趨複雜。在朋輩影響下，容易混淆是非，衝動偏激，表現叛逆，要為孩子選好學校，使他和好同學互相砥礪，一起成長；對他的「反叛」，要理解包容，孩子的性情便會漸趨穩定，回歸理性，順利進入青年期，走向以後美好的人生。

三、孩子大不同

孩子剛出生，已經表現出先天的不同性格和能力特點，有的沉靜、有的吵鬧；有的溫婉、有的比較急躁；有的學習迅速、有的反應緩慢……他們都是獨特的個體，只要小心栽培，都會茁壯成長，對孩子，不要比較，不須比較，比較的話使他受到傷害；比較的心，也使自己不快樂，如此無益的事，又何必做呢？

在一般情況下，孩子性格會順着天性和環境發展，並在行為中表現出來。教育的作用就是要糾正偏差。家庭是哺育孩子性格的搖籃，兒童期是性格形成的關鍵期，現代家長只重孩子智能的發展，特別是學業成績的表現；學校教育又只重知識傳播，強調創意、通識，不重德育和理性批判，這些偏差，便要由洞悉世情的祖父母來匡正！

四、為孩子締造幸福：健全個性是快樂的源泉

孩子從模仿中學習。小時候，孩子心目中的偶像就是爸媽；爸媽缺席時，祖父母，請用自己的榜樣行為去教育孩子，讓自己成為孩子的模仿對象吧！

幼兒很多行為都源於模仿。

1. 健康飲食，帶來健全個性

堅持健康飲食和生活方式，不但對孩子身體健康有益，同時更對孩子的先天性格形成，如專注、溫純、忍耐、堅毅、熱誠等良好性格元素，具深遠的影響，是養成孩子穩定情緒以至健全性格所必要做的。

- 孩子的母親，從懷孕開始，便需要祖父母提點和協助，奉行健康飲食，戒除熬夜、打機、嗜辣、好甜、愛煎炸、飲酒、吸煙等不良愛好；

- 維他命 B、D 有助穩定情緒，緩和緊張；
- 教導孩子健康飲食知識，帶他參觀有機農場，參與耕作；
- 尤其要教導孩子不要常喝冰品，以免男孩陽氣消減，女孩種下婦女病禍根；
- 垃圾食物影響專注力和使人「熱氣」，性情暴躁，不可給孩子多吃。

一切，從健康飲食開始。

發達國家的信條

注重食物安全，堅持健康飲食，學習看懂食品標籤，保護孩子身體不受污染，有助心靈和智慧的成長。

- **能強壯神經和腦細胞：**含豐富蛋白質和維他命 B 的魚類、白肉；
- **能增強注意力、集中力：**含豐富奧米加 -3 脂肪酸（Omega-3）的魚，如三文魚、沙甸魚等；含氨基酸（Amino acid）、酪胺酸（Tyrosine）的家禽；橄欖油等；
- **能增強記憶力：**綠色蔬菜、多色水果、蛋、維他命 B 豐富的豆類食物；
- **能使人產生愉快情緒：**香蕉、奶製品等；
- **沒有或有較少農藥：**通常厚皮的植物不易惹蟲蛀，含農藥較少，如番薯、洋葱、椰菜、蘆筍、茄子、蘑菇、甜豌豆、牛油果、奇異果、柚子、木瓜、菠蘿、哈密瓜等。

人類自恃聰明，貪婪奸猾，濫用基因改造，提高收成，即使不須用農藥種植的蔬果，也變成害人的食物，玉米就是其中一個例子。

（美國環保團體資料）

2. 營造家庭和諧，養成平和性情

家庭是人的心理和感情的集體，每一個家庭都籠罩着一定的心理氛圍。祖父母要盡力營造和睦家庭，和家人情感深厚，共享歡樂，分擔憂愁，溫情洋溢，互相信任，彼此尊重，使家庭成為孩子成長的安樂窩，給予孩子安全感、歸屬感，使他感到身安心寧。

祖父母是家中長輩和家庭經營者，應考慮建立家庭的崇高理念，讓子孫知道家族的理想追求和精神。

避免引起吵鬧，導致家庭破碎，帶來孩子成長的不安、焦慮、恐懼、孤獨、怯懦與叛逆；正因家庭不睦，孩子才會轉而「外出尋愛」，帶來更大困擾。

小心，功課是破壞家庭和諧的元兇！

孩子放學回家，平日慈愛及滿口教育理論的家長，會頓時變了惡魔！

孩子一進門，做媽媽的便立即有一連串的提醒：

「快啲！洗手、換衫！」

「快啲！食茶點！」

「快啲！做功課！」

「快啲！溫習！」

萬一孩子表現不如意，媽媽便會抓狂，怒從心上起，情緒說話頓時失控：

「你好討厭，叫極都唔專心！」

「死蠢，做極都唔識！」

「聽日測驗唔高分，你因住……」

結果是，孩子哭鬧，丈夫發火，功課成了家庭和諧的魔咒。

這時候，祖父母便要做中間人，緩和一下劍拔弩張的氣氛。

- 少囉唆，盡量配合孩子父母的育兒準則，不要和媳婦及家傭起爭執矛盾，這是造成家庭不和的導火線；
- 改掉説話急躁的壞習慣，時常面帶笑容，説話輕柔；
- 三個魔術語：「辛苦你喇」（謝謝）、「唔該」（請）、「對唔住」（對不起）等，常掛嘴邊，家人關係必能更和諧親切。

3. 保守善良本性，養成溫純美善

人性本善，孩子更是天性善良，沒有嫉妒心、合羣、富有同情心、愛護小動物，會主動保護弱者。

- 用欣賞和發掘的眼光來看孫兒，對他行為給予正面的評價，便能夠使他學會自律，向好的方面發展，成為樂觀自信、勇敢堅忍的人；
- 用耐心來訓練良好習慣，像訓練生理行為「如廁」，是孩子一個學習自我控制的過程，「賴尿」並不等於不聽話，只是未有自制能力，不要責罵，假如照顧者情緒容易波動，孩子性格行為是會變得比較衝動及頑皮的；
- 用美好的藝術來陶冶性情，有助保持溫文善良。

如何審視孩子的本性？

看他對自己、對物品、待人處事和工作的態度：

- 對自己，是自信、自尊、自律；還是自卑、自負、放肆、自以為是？
- 對物品，是愛護節儉、整潔、公私分明；還是貪婪浪費、邋遢凌亂、公私不分？
- 待人處事，是有禮貌、善良樂助、正直誠實；還是粗暴無禮、冷漠孤僻、自私虛偽？
- 對學習和工作，是認真、負責、有條不紊、富創意；還是懶惰、馬虎塞責、粗心大意、墨守成規？

4. 以道德為依歸，養成對錯觀念

沒有道德準繩的指引，孩子如何能建立判斷是非的能力，知道孰對孰錯？

- 自小和孩子讀誦《弟子規》、《三字經》，經過祖父母的解釋演繹，把道德觀植於心中；
- 鼓勵少年孫兒讀《孔子》、《孟子》、《朱子家訓》、《曾國藩家書》等哲人及道德修養著述，了解道德概念；
- 所謂「近朱者赤，近墨者黑」，留意孩子所結交的朋友，教導他親近品學兼優的同學。

大人本身不要説一套做一套。看以下的家長表現，你說，還會有誠實上進的孩子嗎？

印度家長真向上

印度東部比哈爾邦（Bihar），許多家長為協助子女爭取上高中，在子女應考公開試時，出盡奇謀，甘願冒跌斷手腳甚至跌死的危險，或游繩而上，或徒手攀爬，爬上幾層樓的試場，明目張膽向孩子遞上寫滿試題答案的提示，助其作弊，在場考生也肆無忌憚地跑到窗前拿取提示，或偷看書本抄答案，主考官並沒有阻止，據說是受賄或受到恐嚇。

據英國廣播公司（BBC）報道，有關部門並沒有竭力

遏止這種猖獗風氣，教育部長夏希（P.K. Shahi）說：「平均每個學生有四、五人協助作弊，教育當局雖然在試場裝設了閉路電視，又派員突擊視察試場，但沒有家長配合，單靠政府是無法遏止作弊風氣的。」

（華盛頓郵報、英國廣播公司、路透社和印徒教徒報新聞報導）

5. 發展天賦能力，建立目標意志

孩子的行為最初純屬模仿，多次重複後，漸漸表現出自己的興趣和創意，不再盲目追隨別人，這就是他的天賦能力。如果他的天賦能力能夠得到發掘和發展，他便能夠明確人生目標，並因此而養成堅定意志，向目標進發。

如何審視孩子的天賦能力？

- 孩子有某些事物有興趣，會鍥而不捨地沉醉其中，這就是他與生俱來的專注力；
- 孩子愛不斷重複地做某一些事，在重複中解決問題，找到樂趣，這就是他天賦的韌力；
- 孩子能集中做某一件事，排斥一切干擾和困難，要把事情做好，尋求突破，這就是他天賦的意志力。

孩子的天賦透過持續的努力發展而來，發展緩慢，摧毀卻很容易，因此需要我們持續的鼓勵。

如果家長這樣說

老師說：「他很可愛啊！」家長說：「可愛，有鬼用咩！」

老師說：「他很懂事呢，知道自己想做什麼！」家長說：「懂事？即係執輸啦！」

老師說：「他很有創意呢！」家長說：「創意？會發達咩！」

老師說：「他很有韌力呢！」家長說：「都考唔到第一！好明顯無盡力啦！」

如果爸媽這樣說☹，祖父母可以這樣挽救☺：

「是呀，我們都很愛他。」

「是呀，他懂事有禮又有志向，我們的孫子認真棒。」

「是嘛，將來他一定很有成就。」

「是呀，他愛學習，主動又自覺，自得其樂，不用考第一。」

「是呀，我們永遠以他為榮。」

前者的貶抑，只會造成人格障礙，使孩子自我價值低，且易患上躁鬱症。

後者的認同，是很強的心理暗示，能煽起孫兒百尺竿頭的火。

6. 給予適度自由，造就自主自信

人生而自由，孩子成長，需要能夠自主地決定自己做事情，以完善心智。

- 嬰兒誕生後，需要伸展的空間，不要老把他摟得緊緊的，不捨得放下；
- 到他能夠自行活動時，只要不危害自己或他人安全，就讓他自由行動，不要用死規矩來約束孩子，他需要通過自主自信來建立行為模式；
- 給他一個屬於自己的自由活動空間，可以不受外界的打擾，不但讓他感到身心舒泰，也有助他集中注意力，成為喜愛學習，能夠自律的人。

須注意不能縱容任性妄為，否則，孩子的不良行為就會繼續發展，導致性情乖戾；如果孩子行為出現偏差，要及時糾正而非責罵，且絕對不要作人身攻擊。「百彈教主」、「長氣巫婆」，又怎會受歡迎？

據香港家庭教育學院一項調查，學童有十大無禮行為：

(1) 家長、長輩或家傭幫忙時，極少懂得或會說「謝謝」。

(2) 家人送禮物給他時，極少懂得或會說「謝謝」。

(3) 早上起牀及晚上睡覺時，極少懂得或會向父母說「早晨」、「晚安」。

(4) 吃飯時，不會讓長輩先動筷，亦不會說「大家吃飯」。

(5) 被長輩批評時，會駁嘴或發脾氣。

(6) 老師派作業時，不會雙手接收。

(7) 經常打斷人家說話。

(8) 乘車時經常衝入車廂，不懂先出後入，而且急於霸位。

(9) 在公眾場所，如遊樂場等，經常不知排隊、不懂禮讓。

(10) 在臉書（Facebook）等網上社交平台恥笑或辱罵朋友。

（香港家庭教育學院調查資料）

其實，除了要注意戒除以上十大無禮行為，祖父母須教導孩子以下舉動：

- 見到相識的長輩要打招呼，同枱吃飯不要只顧玩遊戲機；
- 遵守乘搭公共交通工具的規矩，不要在車上飲食，把鞋踏在座椅上，弄污公眾地方；
- 不要把公眾場所當作遊樂場，橫衝直撞，跑來跑去，嘻哈追逐；
- 不要在公眾地方製造噪音，如玩遊戲機聲量過大，騷擾他人；
- 不要破壞公物，如隨便採摘花朵、隨意塗鴉、在景點簽名等。

7. 行為要求一貫，學會擇善固執

孩子性格的形成，是透過生活中的每一件事，每一個細節，如果孩子爸媽之間，爸媽和祖父母之間，對孩子的行為要求有不一致的方式和標準，甚至為此爭吵打架，又怎會教出心理正常、性格健全和品德高尚的孩子？

- 如果孩子言行出現問題，要保持冷靜，並且耐心了解，營造有利於孩子糾正錯誤的環境；
- 如果事件不涉及安全或傷害他人，則讓事情自然發展，觀察孩子如何處理，讓他自己承擔後果，認識到錯誤；適當時候給予必要的指導。

少年的感謝

朱媽媽很愛孩子，為了兩個孩子，她選擇了當全職媽媽，放棄了高薪厚職，為的就是要陪伴兩個兒子一起走成長路。她最重視的，並不是他們的學業成績，而是他們的品格發展，尤其是對別人的禮貌，當中更以對老人家的尊重為甚。

兩個兒子，每年春節到長輩家拜年時，都會畢恭畢敬地向長輩問安，並與他們談話家常，既有耐性而且態度親切，不會像時下青少年般低頭打機。此舉不但贏得長輩們喜愛，更使朱媽媽有「好家教」的美譽，而兩個孩子也因為自己的言行舉止，得到所有人的讚賞和尊重。

有一天，學業成績優異的中二大男孩突然對媽媽說：「媽媽，多謝你自小便教導我、要求我有禮貌，如果到今天才教我，我是不會聽得入耳的。」

朱媽媽頓時感動得熱淚盈眶，有什麼比兒子的肯定和感

謝更使她感動呢？

教導孩子，要趁早，且要堅持，信耶？

（故事由英華小學家長教師會主席朱杏琼女士提供）

是的，把握機會，自小灌輸孩子正確道德觀，建立正確行為，孩子自能為自由劃下界線，防止自己行差踏錯。

孩子的行為，反映家庭教育的成敗。當孩子父母訓斥孩子時，祖父母千萬別干預，此時維護孩子，是愛之足以害之。

並要謹記：喋喋不休是教養大忌。

8. 要求生活自理，養成負責能幹

小熙愛勞動

婆婆愛讓小熙去做能力所及的事，他的小手可以持物時，已經讓他自己持着奶瓶，大人只會在他乏力時助他托着；他 1 歲時，教他用小勺子自己進食，他常反轉持小勺子掬飯，跌得一桌都是，家傭姐姐便會立即為他反轉小勺子，同時語氣焦躁地說：「你錯了！這樣才對！」在一旁的婆婆和藹地對小熙說：「你的小勺子上有一對大眼睛，你看到嗎？」小熙指着小勺子上的圖案說：「眼眼。」婆婆稱讚他說：「對呀，看到大眼睛便對了，小熙真叻。」從此，他再沒有反轉小勺子掬飯了。

小熙顛顛巍巍走路時，婆婆便讓他自己去丟尿片；他跌倒時，我們鼓勵他說：「沒事了，自己爬起來吧。」我們的信條，是讓孩子在學習自理中養成勤奮自信，建立健全的個性。

讓孩子嘗試自己持着奶瓶喝奶。

讓孩子自行進食。

- 祖父母無論怎樣愛孫情切，也只可在孩子有需要時出手相助，不要事事代勞，服侍周到，否則會扼殺孩子學習自理的機會，使他變得無能；
- 不要對孩子有求必應，千依百順，尤其慷慨供應錢財，否則會使他不知節約；
- 不要過分保護，大小事都為孩子出頭，由遊樂場上的爭執、功課數量、成績評級、選拔出賽或演出，到孩子進入大學和出社會工作，都愛包辦的話，會剝削孩子從犯錯和失敗挫折中成長，不知為自己的行為負責，最後無法面對人生；
- 不要事事為孩子操心，擔心這樣，擔心那樣，切記擔心可能會變成詛咒！

許多「小霸王」、「宅男」、「公主」、「剩女」、「失敗者」，就是被溺愛至不能自理中被慣出來的。

如此這般的婆婆

小政跟他婆婆住在一起，不愛吃飯，婆婆每天都給小政吃罐頭腸仔，我看不過眼，對她說：「罐頭無益，香腸有害，不要給他吃吧。」我客氣得近乎懇求道。

怎知道她說：「啤，我個孫仔喜歡呀，我愛錫孫仔，給他喜歡的，不可以嗎？除了罐頭香腸，他什麼都不吃的，你呀，不要管別人的家事吧！」小政婆婆滿臉不高興的，我愕在一旁，無言以對。

小政6歲了，快要上小學，長得矮小瘦弱，每次見到他，都是由傭人抱着，6、7歲小人兒的蹦蹦跳跳，愛笑愛跑，並沒有出現在小政身上。

有一次，我實在按捺不住，對那位傭人說：「放他到地上，讓他自己走路吧。」怎知道，她卻驚惶地說道：「不可以，婆婆說他太孱弱，不能自己走路！而且，婆婆說地上太髒，有菌！」我心想：「這婆婆，實在害慘了孫兒！」結果，有一天，傭人放假，父母沒空，把他交給我，他在我家站不到五分鐘，「啪」的一聲，暈倒地上！

真被他嚇死了！

9. 待以欣賞信任，養成自尊自信

用尊重的態度對待孩子，視他為一個獨立個體，而不是成人的附庸，相信他能夠做好事情，孩子一定能夠感受到你對他的信任。

- 用信任的態度對待孩子，用欣賞的目光和愉悅的笑容，讚賞他每一次的努力和進步，他會充滿自信，做事滿有把握；
- 配合身體語言表示欣賞，年幼的給他來一個擁抱；給讀小學的摸摸頭，豎起拇指；給讀中學的拍拍肩膀，豎起握緊的拳頭；
- 用讚美的説話使孩子自我感覺良好，推動自己進步，別信傳統所説會「讚壞」，反而要稱讚有方、有目的，熱情真摯：如讚他聰明不如讚他努力；讚他的樣子不如讚他的付出；讚他所做是對的；

- 給他信任，讓他選擇，要他學會負責，也讓他感受到成功是由於自己的努力；強制只會使孩子在心理上築起圍牆，形成心理障礙，反應遲鈍、情緒低落，甚至失去反應能力，集中力弱；有的出現類似讀寫障礙的問題，有的甚至不願開口說話；久而久之，連自己的天賦能力也會減退。

女孩被老師打手掌！

這是有關一個 8 歲女孩的真實故事。

一天，就讀四年級的小茵放學回家，悶悶不樂，剛好她的婆婆來到，看見她那想哭想哭的樣子，問她怎麼啦？她最初還不肯說，但經不起婆婆的多次追問，終於「哇」的一聲，哭了出來，原來，她今天在學校被老師打手掌了！

婆婆大為吃驚，乖巧的孫女怎會被打？不是已經立例嚴禁體罰嗎？

原來今天上中文課派測驗卷，老師將答案，除了作句部分，寫在黑板上，吩咐同學安靜地抄錄答案，不許張聲。小茵中文卷得了 98 分，只是作句部分被扣 2 分，她不知道自己如何改正，於是離開座位，走向站在窗前，凝望天上白雲的老師請教，怎知老師一轉身，二話不說，一伸掌，把她連連推回座位，怒目瞪着她，厲聲喝令她伸出手掌，並抓起她鄰座男同學的 12 吋鐵尺，打下去，一下、兩下，小女孩又怕又痛，嚇得哭了起來，老師知道自己理虧，反而嚇唬她說：「如果家長知道你這樣壞，一定打死你！」

小女孩在眾目睽睽下被責打，無地自容，自尊自信受到徹底的打擊，一直低下頭，噙着淚繼續上課，噙着淚放學坐校車，噙着淚回家，噙着淚做功課……直到婆婆來看她，問她發生什麼事，她才放淚直流，邊哭邊傾訴，還請求婆婆不要告訴媽媽。

那天，媽媽得到婆婆通風報信，提早回家，雖然心急心痛，但卻忍耐住不動聲息，直到晚上，看着孩子上牀了，媽媽也鑽進她的被窩，摟着她，和她說話，終於，她自己按捺不住，哭着和盤托出在學校的遭遇，聽得做媽媽的眼淚直流。

擁抱、眼淚、傾聽和肯定，洗滌了她的害怕和擔憂。

最後，媽媽對她說：「明天，我到學校見校長，投訴那位打人老師！」怎知道，小茵卻立即反對說：「不，媽媽，讓校長知道，老師會被『炒魷魚』的，沒有工作，她的孩子怎麼辦？」多善良的小心靈！

後來，媽媽對她說：「還是得告訴校長的，讓校長去了解一下老師的問題，否則，她又用打其他同學來發洩自己的情緒，而家長卻不知道，不能夠及時處理，那豈不是使弱小心靈受到傷害？」最後，小茵同意了媽媽去見校長。

多謝婆婆！

（故事由小茵婆婆許圓惜女士提供）

大人絕不可以批評孩子的容貌、資質；諷刺他的幼稚、失敗；威脅說不要他、否定他的將來等。

此外，過多的批評和否定、大聲苛責、動輒嚴懲，是對孩子不尊重，使孩子自覺無能，不如人，因而出現不安、焦慮，發展為自卑，逃避一切；這並不會改變他的行為模式，祖父母，你的角色是孫子的守護神，最有效的方法是建立良好的祖孫關係！

五、為孩子築建成功：良好品德是最好的成功階梯

做孫兒的人生導師，在品德教育和生命教育提出寶貴意見，用中國傳統道德觀：孝悌忠信、禮義廉恥、勇毅勤儉、感恩惜福，培養孩子的品德，助他為美好幸福人生作好準備；有品德的人，人緣佳，才能真正成就自己的人生，成為社會的支柱。

1. 教孩子以孝悌，他便能心存仁愛

中國傳統美德，百行孝為先，沒有孝，不成人；兄弟如手足，尊敬兄姐愛護弟妹，沒有悌，不能建立家庭和諧。

- 教導孩子孝敬父母祖父母曾祖父母，多向孩子說一些孝的故事；
- 每年清明節，祖先忌日，要孩子參與拜祭，同時向他講述家族歷史；
- 組織行山、游泳、露營、旅行等家庭活動，讓兄弟姊妹一起玩樂，敦睦情誼，發現彼此優點；

- 由家庭出發，推而廣之，使孩子養成仁愛之心；介紹讀中學的孩子看《論語》，加強「老吾老以及人之老，幼吾幼以及人之幼」的仁者心理；
- 現代家庭多獨子獨女，祖父母可以為孩子組織祖孫遊戲組，邀請其他祖父母帶孩子一起玩，讓孩子學習與人和洽相處，大家也可以交流湊孫經驗。

孩子能敬上愛下，友愛社會上其他人，亦必被天下所愛，為人生鋪下成功路，也為締建和諧社會出一分力。

2. 教孩子以忠信，他便能志向遠大

香港的青年為什麼追求做樓奴，目光如豆，表現不濟？就是因為無根，除了錢和樓之外，不知人生奮鬥是為了什麼。

愛國的名人

英國大文豪莎士比亞（William Shakespeare）說：「我懷着比我自己的生命更大的尊敬、神聖和嚴肅，去愛國家的利益。」

德國詩人歌德（Johann Wolfgang von Goethe）說：「國民應為各自的天責竭盡全力服務祖國。」

法國軍事家拿破崙（Napoleon Bonaparte）也說：「人類最高尚的道德是什麼？那就是愛國心。」

- 教孩子以忠，多讀歷史，植根於國，忠於本份，才能了解當今局勢和自己的路向；
- 多讀偉人傳奇，能使孩子思考人生價值，知所奮鬥努力的方向，明確人生目標，立下大志；
- 所謂忠信，亦指努力恪守職責，讀書做事，自我要求做到最好；不會做違背家庭社會國家聲譽、利益的事，故能成就了自己和家族，貢獻社會國家；可要求孩子從盡子女、學生的責任做起；
- 不要和孩子連成一陣線，幫助孩子欺騙他人。

孩子不誠實，愛説謊，多因功課、溫習、玩耍、打機、交友、遲到等，或者出於害怕被懲罰，想自我保護；或者逃避、反叛；或者被人誤導、要幫助朋友；甚至或者是出於某種好意。對孩子説謊，爸媽會反應強烈，祖父母可和藹冷靜地引導孩子説出事實，了解説謊原因；年紀越大的孩子，越可能自覺有説謊的需要。

聰明的公公

公公在孫子家，忽然接到學校的電話，說孫子欠交英文功課，測驗又不合格，請家長嚴加督促。

讀小三的孫子放學回來了，神情有點落寞，接校車的公公問他說：「今天上學怎樣了？」

孩子低下頭回答：「沒什麼。」

公公說：「你的樣子好像跟平日有點不同，很疲倦嗎？」

孩子眼紅紅的，沒作聲，公公也不心急追問，只輕輕搭着他的肩膀。回到家中，孩子終於按捺不住，將事實告訴公公，還請公公幫忙，不要告訴媽媽，並且在測驗卷上簽名。

公公不急不忙，對孩子說：「忘記交功課，測驗不合格，很平常的事，誰沒發生過？來，拿出測驗卷，讓我們一起看看出了什麼問題，看你懂不懂得改正。」

結果，孩子自己把錯處全改正過來，失分全因大意，自信心回來了，人也變得開心起來。

公公沒有在測驗卷上簽名，而是教孩子自己向媽媽解釋今次測驗不合格的原因、展示改正的答案，並保證以後記得交功課，他不但沒有受到懲罰，還得到媽媽的讚賞，說他誠實和負責任。

教孩子以誠信，待己能自省其身，待人能遵守諾言，處事要誠實不欺，才能贏得信任。這是立身處世的最好保護網，因為世事無僥倖，欺詐蒙混是沒好結果的。

3. 教孩子以禮義，他便能走遍天下

禮貌是做人的基本要求，是與人交往的基礎，孩子在家不懂禮貌，在外舉止便沒有分寸。有些祖父母愛孫情切，只要孩子身體健康，學習成績好，不要受到委屈便可以，其他都沒所謂，而且覺得教導禮貌是學校的責任；事實是，孩子沒有教養，對孩子

的將來和社會發展，只會帶來壞影響，後患無窮。

- 多為孩子講禮貌的故事，養成以禮待人的觀念；
- 用身教讓孩子模仿，適當地運用「謝謝」、「請」、「對不起」、「你好」、「早晨」、「午安」、「晚安」等禮貌用語；
- 提醒他注意和人交談、打電話、入屋敲門的禮貌；
- 帶孩子探訪親友，向長輩拜年，教他如何做後輩，及如何和平輩相處，不要只顧低頭「玩機」；
- 教他端正儀容服飾，男孩子不要邋遢，女孩子不要暴露，配合場合，表現大方得體；
- 指導他餐桌禮儀，示範拿筷子刀叉的正確方法，不要讓他邊吃邊玩邊看電視。

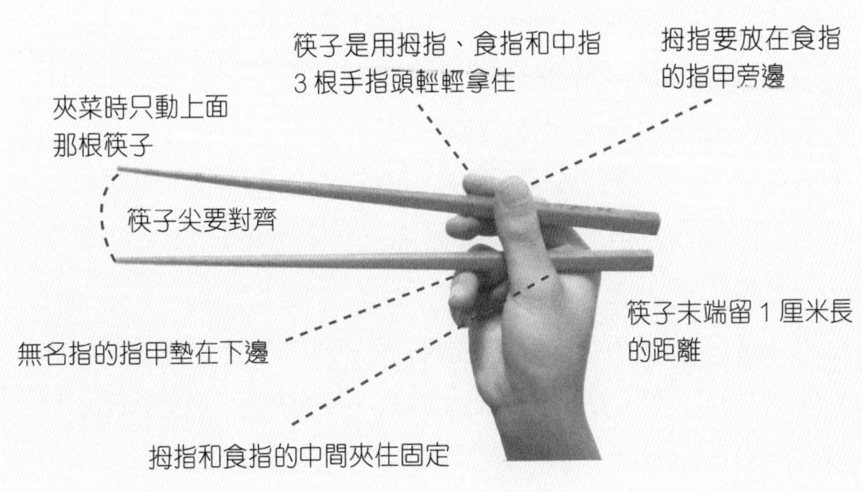

禮結合義，使做事帶有明確的是非標準，知道「有所為，有所不為」。

- 遵守社會規則是起碼的道義；
- 親身示範己所不欲勿施於人、專門利人不怕吃虧的行為；
- 和孩子一起做義工，扶助弱勢，救急扶危，不求回報；
- 教導孩子不畏強權，需要時能仗義執言。

不要縱容他無禮和不義的行為，如講粗口、欺凌弱小，小霸王就是言行沒分寸、不懂得尊卑、欺善怕惡的傢伙。

以一個人的力量來應付生活是有限的，所以需要別人的幫助，自己也需要幫助別人，惟懂禮義與謙虛，才能成就孩子。

老教授的感喟

香港大學一位老教授和學生們一起在升降機大堂，學生們或圍攏高談闊論，或低頭玩手機，對老教授視若無睹，沒一個人跟他打招呼。升降機門打開，學生蜂擁而入，早入內的插着手，眼睜睜看着升降機門關上，害得老教授跨進時，被撞個正着，老教授不吭一聲，自己去按着「開門」鍵，讓後來者進入，一個一個大學生，進來時都望了望按鍵者，沒有人，一個也沒有，說一聲「謝謝」，老教授只有內心感喟。

大學生上大課，不須點名，有人缺課或遲到，已經習以為常；而上小組導修課，必須點名，學生依舊常常遲到，甚至蓬頭垢面，背心短褲，穿人字拖，講師也只有搖頭歎息，曾經試過加以勸喻，換來是瞪眼一句：「我有自由！」

是什麼家庭教養出來的，無禮也無義的年輕人？

禮義與謙虛是一種表現自己的語言，不要忽視小孩子無禮的小行為，不要任由無禮無義且傲慢的種子發展下去，一有問題，立即糾正。

4. 教孩子以廉恥，他便不會貪婪無恥

- 獎賞孩子，以說話讚美，不要動輒以錢財獎賞誘惑，養成為錢而做的觀念；
- 教導孩子以節儉，他才能廉潔不貪，避免觸犯法律；
- 不要讓孩子隨便拿走不屬於自己的東西，祖父母也不要貪小便宜，更不要順手牽羊；
- 教導孩子理財，善用金錢，知道「需要」和「想要」的分別；指導他把想要的順序列出來；給他一個儲錢箱，讓他每天自己儲蓄，到儲夠時才可以買想要的東西；
- 引導孩子儲蓄，為他開設儲蓄戶口，教他將利市錢及自己掙來的金錢儲起來；
- 和年長孩子分析「慫恿刷卡」消費和「鼓勵借貸」廣告的陷阱；
- 引導孩子向善，慷慨捐助有需要的人。

不要動輒給予金錢，或以金錢作獎賞；不要常帶孩子逛公司，接受五光十色的物質引誘，許多親子矛盾就在孩子哭鬧要買玩具中發生；現代青少年有事無事，愛逛公司，只會助長貪念，又沒錢買時，便淪為小偷，或為人運毒，或被誘援交，自毀前途，永遠抬不起頭做人。

貪婪使人不知恥，人而無恥，還有什麼話說不出來？什麼事做不出來？

天降橫財，滿地灑金

一輛解款車在金鐘出事故，行車途中，後車門忽然意外打開，解款箱跌出，箱蓋彈開，鈔票跌了一地，一些行人衝出馬路，彎腰就撿；一些汽車和的士經過，司機乘客紛紛下車，拚命搶拾地上鈔票，合演一場有錢不拾，天誅地滅的醜劇，貪婪的嘴臉，被一一攝錄下來，變了通緝犯，成為家族之恥、香港之恥！

5. 教孩子以勇毅，他便能勇闖人生路

孩子成長，充滿挑戰，全憑勇氣和堅毅，解決困難，一步一腳印，築建成功路；有時，孩子也會面對欺凌或歧視，需要勇氣與堅毅，去面對、去化解。在培養孩子勇氣方面，男性長輩如爺爺和公公的積極參與，更能發揮正面作用。

- 教導孩子，年幼的給他講有關勇氣的故事，年紀稍長的鼓勵他看冒險故事、偉人傳奇，培養他勇敢不屈、堅毅不放棄的精神；
- 多給孩子體驗成功，具體而鼓勵性的讚賞，能使他更有勇氣和毅力去追求理想；
- 教導孩子，不要被欺負，遇到欺凌事件，支持孩子揭發和反抗；
- 讓孩子學武術和參與體育競技，有助培育勇毅精神。

自衞還擊

女兒小時候，常被小兩歲的表弟欺負，或當面打她，或背後襲擊她。她自小被教導斯文，不可動粗，所以每次被打之後，只會找大人哭訴。終於有一次，她又被打哭了，做爸爸的沒有為她出頭，而是對她說：「你去警告他，如果他再打你，你便會還手打他。」結果，真的又有一次，小表弟又打她了，她立即還手，把他制服，從此之後，「小暴力」便不敢再向她施襲。

自衞還擊，培養了女兒抗暴的勇氣，使她能夠昂然面對日後成長的種種。

教育孩子要有勇氣，對不合理的人和事作出反抗，不欺負人，也不要做一個任人凌辱的人，這樣他才會贏得同伴的敬重；尤其不要沉迷上網，參與網上欺凌，同時給予他人欺凌的機會。

6. 教孩子以勤儉，他便能積聚能力與財富

勤力是一種習慣。所謂「一勤天下無難事」，有勤力習慣的人，做事總會堅持不懈，精益求精，能夠從勤中來，從苦中去，什麼壓力也會變成祝福，成就自己，走向成功快樂的人生。

- 鼓勵孩子追求卓越，為了更好地表現自己，孩子會善用時間，努力做到最好；教導讀小學的孫子計劃好每天、每周的時間運

用，嘗試擬訂每月計劃，提醒高中孫子擬訂一年，甚至規劃人生大計；

- 把每件事分成小目標大目標，鼓勵孩子完成每個小目標，較易使他努力以赴；
- 要孩子分擔家務，培養勤於動手的好習慣，養成自我管理的責任感及樂於分擔的心理；
- 不要稱讚孩子聰明，要讚美他付出的努力；
- 設立積分制度，獎勵他每一個努力；
- 人誰無過？切記要給孩子犯錯改過的機會。

節儉也是一種習慣，小富由儉，大富由天，不亂花錢的孩子不易生貪念，能節約使用金錢，節省用度，用得其所就能累積財富，改善生活，保護地球。

- 從惜食惜物做起，養成循環再用，不胡亂浪費的習慣；
- 全家身體力行為地球節約，將垃圾分類，使地球資源得以持續發展；
- 教孩子樂善好施，能將自己用不着的贈與有需要的人。

時下社會怕多做多錯，不做不錯的風氣，對孩子成長和社會發展沒有益處。不要怕孩子做多了，做得多才能累積耐性和能力；不要怕孩子錢不夠花，節儉變寒酸，小時「貧窮」是孩子的「幸運」。

律師為什麼買不到房子？

遊艇上約二十個法律系同學相聚，暢遊船河，談笑甚歡，罵罵樓宇政策，政府無能，不能協助年輕人置業，使他們無法向上流；然後話題一轉，眉飛色舞地說到買車、買名牌袋子衣服、喝名酒嘗美食、豪華郵輪假期……動輒消費是幾萬至幾十萬，爭相炫耀。其中，沒有人買到房子，你說為什麼？

（故事由小熙媽媽提供）

7. 教孩子以感恩惜福，他便能滿足快活過人生

獨子獨女時代，孩子都是家中寶貝，孩子被教成自我中心，以為被愛是理所當然的，因此只知索求，不知感恩。社會大肆宣傳的情人節、聖誕節、兒童節，復活節、父親節、母親節……可這些商業活動，又有多少真正感恩的成分？

不懂得欣賞、感恩與惜福，人生只會充滿怨懟痛苦，根本是浪費生命。

- 營造感恩的氛圍，多講祖輩父輩的故事，常說感謝讚美他人的話；
- 帶孩子做義工，了解民間疾苦。

讓孩子從小培養感恩惜福之心，他才能寬容待人，愛惜光陰、

愛人、惜物惜時，和人分享；他才會銘記爸媽的養育、祖父母的劬勞、家傭的辛勤、宇宙萬物的恩賜，多謝一水一飯及社會各種建設，立志將來報答。

婆婆的助學金和舊衣裳

中四那一年，爸爸生意不大好，家中弟妹眾多，在我生病入院時，英華女校蕭覺真校長對媽媽提出要減免學費，媽媽回家跟爸爸商量，爸爸不假思索地說：「告訴校長，把獎學金留給更有需要的孩子吧。」上一代，經過戰亂和戰後艱苦歲月的煎熬，嘗過走得累做得苦吃不飽的痛苦，卻有本事自己咬緊牙關，養大一羣兒女，處處表現出崇高樂助不貪吝的品德，深深影響着下一代。

看着媽媽不浪費食物，吃盡剩菜殘羹；循環再用，將一件件衣服，或修改縫補再穿着，或洗淨送人，絕不輕易拋棄。影響所及，到我生下女兒，我也不介意接收朋友送來的兒童舊衣物；幼受庭訓下，女兒也樂意讓小兒子穿用舊衣物。

正因自小節儉，長大才能抗禦物質誘惑，知足常樂。

以身作則，指導並支持孩子追求好品德，是成年人的責任。

好品德是孩子一生喜樂、成功的保證，
保持善良的本性，修養道德，人必尊之、愛之、護之。

六、若孩子性格異常

祖父母帶孩子，要善於觀察，發現孩子性格行為異常之處，通知孩子父母，積極處理。

過度模仿：孩子善於模仿，從模仿中學習，但如果到四、五歲時仍是只知模仿，則可能是心理上的問題了，要了解他是不是想藉簡單模仿緩解成長的緊張和壓力。

過於馴服：是孩子性格懦弱，壓抑自己？或遭受壓迫，不敢反抗，表現為沉默馴服？還是他內心充滿怨恨和敵意，待機爆發？甚至是性格自閉，學習障礙，反應遲緩？注意 3 歲前是治療自閉症的黃金期。

過度活躍：孩子專注力不足，容易分心，不能留心聆聽及貫徹執行指示，不喜歡參與長時間的工作；不能控制情緒，經常尖叫或者咬人，其中有些孩子出現聽覺系統失調，聲音處理異常，以致「不聽話」，說話「漏口」，影響閱讀及聽寫能力，出現「學習困難」，可嘗試聽覺綜合訓練，刺激腦部改善情況。

傾向暴力：孩子尤其容易傾向憤怒，模仿暴力行為，要留意電視卡通電腦媒體上出現的一些怪誕甚至暴力淫蕩的畫面，會對孩子性格造成不良影響；保持平和、慈祥，讓他有足夠的休息和睡眠，並給他改正的機會，適當的責備和制止可以矯正他的任性。

- 如果孩子言行舉止有異常表現，別忙着批評指責，先要看看孩子是受了什麼影響，尤其是家人的影響，孩子在成人們言行榜樣的作用下，可以形成自我控制的行為；
- 如有需要，尋求專業意見，讓孩子得到專業輔導，改善、糾正問題。

祖父母的疑惑

可否以體罰對付屢教不聽的頑皮鬼？孩子到底該打不該打？

孩子做錯了事，應該體罰嗎？現代社會爭論不休，大勢所趨，許多地方已立法禁止體罰，所以這已經不是應該不應該、需要不需要的問題，而是可以不可以的問題。

贊成體罰者認為孩子成長背景和性格不同，尤其一些低下層的孩子，在較複雜的環境下成長，性格頑劣，須用適當的體罰震懾他們，令他們立即停止錯誤行為，循規蹈矩，過分遷就，反而害了他們。

反對的主要認為幼兒不曉得分辨是非，用打的方式是侵犯人權的暴力行為，只會教懂孩子以武力解決問題。

其實用唬嚇方法，趕孩子出家門，也是一種暴力，讓他感到孤獨害怕，使他變得表面更硬頸，內裏卻膽小怯懦；又或者用語言暴力，如粗言穢語、侮辱性、奚落性、孤立性、恐嚇性說話，使孩子備受精神虐待，變成抑鬱怕事，情緒失控……這些，會是你想得到的嗎？

事實上我發覺，孫兒小熙做了什麼我們不滿意的事，如果用怪責的語氣說他，他只會變本加厲，但如果我用開心的語氣以暗示的方法告訴他可以怎樣才做得好，他會立即快樂地照着暗示去做，他，才 2 歲哩，已懂得受軟的，不受硬的！

對待處於叛逆期的孩子，不問情由的怪責和體罰更是沒有用，且會種下仇恨，造成親人間的疏離，何妨控制情緒，先了解孩子行為背後的原因及動機，從他的角度看問題，以和平溝通的方式笑着化解？

第四章

健康強壯是成長要素

沒有健康好身體，也難有好性情和學習好成績。

第四章　健康強壯是成長要素

一、培養孩子健康的體質為重中之重

現代家庭及學校教育，將孩子的健康放在功課和考試之後，剝奪孩子的玩樂時間、運動機會，以致孩子體質孱弱，與其他進步國家比較，中國的孩子，健康其實未如理想。

胖男生胖女生何其多！十分一超重！

一項由香港教育局、香港兒童健康基金和中國香港體適能總會聯合舉辦，為期 2 年，對象是 10 萬名年齡由 6 至 19 歲的中小學生的體能調查報告顯示：香港中小學生體適能，如男生的手握力、女生的柔軟度，都較其他地區差！更使人吃驚的是，香港胖男生胖女生何其多！每 5 個學生便有一個超重！每 10 個便有一個癡肥！

14 歲重 200 磅，擁抱高血壓、高血脂、脂肪肝！這是誰的錯？

（2015 年香港教育局發表報告）

孩子不夠強壯，不但影響個人健康素質、體形發育、心理性格發展，也令國家實力大打折扣。

體能是智慧和技能的載體，孩子體質不夠強壯，引致的問題和後果，不可謂不嚴重：

- 孩子虛有其表，血液循環欠佳，腦營養供應不足，新陳代謝不良；
- 男孩子陽剛氣不足，變得不夠英氣；女孩子身體虛弱，經期紊亂；
- 意志不堅，韌性不足，怕苦怕累，將來難成大事；
- 心靈脆弱，經不起打擊，怨天尤人，傾向消極；
- 缺乏承擔責任的能力和勇氣，遑論開拓新局面。

沒有健康好身體，也難有學習好成績和快樂人生！

體質和成績的關係

美國加州大學洛杉磯分校的麥凱西博士為探討體質、體重與數學、閱讀及語言學習成績的關係，對五年級、七年級及九年級的 1,989 名學生進行調查，結果發現，學生在一英里的跑步或步行體質測試中，體質達標的一羣成績較好，而超重及肥胖學生的考試成績明顯較低。

（報章報道）

體質體形影響健康、學習成績之外，更影響心理質素、性格、行為！

孩子在成長期間，有所謂「發育敏感期」，需要大量的活動和運動，家長和學校卻驅趕孩子走到書桌上去，埋頭苦幹，不惜剝奪孩子在「發育敏感期」的遊戲和運動需要，壓縮孩子的體育活動，使孩子可能要承受身體孱弱的惡果！

健康的孩子一定愛運動，他們發育正常，食慾好，睡眠質素佳，精神飽滿，情緒穩定，積極上進，注意力集中，而且學習效率高。運動不但有利於提高孩子的體質，還會對孩子的智力、性格、情緒帶來正面的影響。孩子在「發育敏感期」，每周最少進行 4 次運動，每次最少半小時，才對體質的提高有實際的效果。

還要讓孩子多在戶外陽光下活動，陽光能啟動快樂荷爾蒙，使人心情愉快，所謂陽光性格，就是快樂積極；陽光令眼底荷爾蒙生長減慢，因而減少近視；陽光能令人放鬆，有助安眠，曬過太陽，特別睡得好。

二、男孩女孩開步走

孩子需要肢體協調訓練，即運用整個或身體某一部分，去做出一些動作、解決問題或進行創造，運動關乎到中樞神經系統支配身體的功能，有效地開發孩子的肢體協調智慧，使孩子在投入各種活動和學習時，能夠反應快、靈敏度高，收到事半功倍之效。運動習慣是祖父母給孫兒的最佳禮物。

男孩女孩都必須學的運動項目

有什麼是男孩女孩都必須學的運動項目？以下建議三大必學，相信你會同意：

- 第一當然是游泳，游泳是救命技能，不能不學，還要聘請好教練；不讓或不鼓勵孩子自小學游泳，讓他見水就怕，是不可理解的照顧過失；

- 第二是跑步，跑步練氣練耐力，人類凡遇到什麼危險，第一時間就是走避惟恐不及，「Run, Run, Run!」跑步不必怎樣上課學習，注意姿勢和呼吸就是；可以看書、上網或向人請教；
- 第三是武術，世界混亂，許多地方治安不寧，練武強身，學武傍身，女孩尤其需要，吸收武術勇敢剛毅堅強正義的精神，對孩子成長特別有利。

三、孩子做得到：階段性運動能力發展

- 每次為嬰孩洗澡前，把孩子放在軟墊上，先和他做一下運動，舉起他的雙手，放下；輕柔地抓住他的雙腿，屈膝、伸直；從腰部高高舉起他，讓他在空中舞動手足等，都是很好的祖孫運動，神情要愉快，動作一定要輕柔，孩子會很高興；不要隨便讓 1 歲以下孩子接受商業機構提供的什麼幼兒被動操，以免孩子受到傷害；
- 每天帶孩子到空氣清新的戶外去，穿淺色衣物，預防蟲咬，避開紫外線；每天的戶外體能時間，是孩子身心健康發展的最根本基礎；運動不足最大的徵兆，就是晚間睡不好。

1. 1 歲以下的運動家

- 1 - 3 個月時，孩子可逐步練習抬頭、轉頭、挺身、伸腿、伸手抓物；
- 3 - 5 個月學習翻身、被動站立、靠着沙發坐着；
- 5 - 7 個月爬行期：

→ 手足爬行（宜協助推動孩子膝窩，同時托起其腹部，增強孩

子支撐力）

→ 向前爬行

→ 學習伸手取東西

→ 然後學會扔東西、撕紙、敲打

- 7 - 9 個月開始拉物站立、推物前進、盒中取物、雙手玩玩具 → 能夠站立坐下、坐着站起、打開蓋子、撿拾玩具；站立時愛踮起腳尖，有助刺激大腦發育，祖父母不宜阻止，只須注意時間不要太長；
- 9 - 12 個月開步期，孩子腳步已經站穩，大人可在孩子前面，伸開雙臂，鼓勵孩子邁開腳步；可學習雙腳跳躍，培養平衡力、靈活性和勇氣；玩越過障礙遊戲，滿足自我探索。

2. 1 歲的勇敢學行者

- 幼兒運動，指的是活動身體的遊戲，要每日進行，幼兒會按自己的意願活動；
- 孩子能夠爬，就讓他爬，爬行膝行，有利左右腦均衡發育，預防讀寫障礙；
- 學習站立階段是 1 歲左右，訓練孩子獨自站立，以不超過 5 分鐘為宜，站立太久會造成駝背、「O」形腿；
- 孩子開始走路時，就讓他多走路，學會走路，對孩子來說，是第二次新生，有一種興奮的衝動，不斷實踐，不斷跌倒，不斷進步，不要動輒抱他，或要他躺在嬰兒車上，或用許多障礙物

把他圍起來；走路，是孩子的成長，也是他的運動，有助完善自己；

- 孩子步行，不必給他鞋子，赤腳步行有助足部和膝蓋發育，但要注意家居安全；在冬天，孩子走在冰冷的木板地上，會使寒氣入侵，容易着涼，要穿上防滑厚襪子；
- 外出要穿鞋，最重要是要透氣平底防滑；不要心急催促，亦不能因擔心孩子跌倒受傷而阻撓他自己走路，以免妨礙他的身心發展；
- 孩子站穩後，便能夠隨音樂節拍晃動身體或擺動手臂，利用韻律操和舞蹈來加強他的身體協調力；幾天內重複播放同一樂曲，孩子會很快掌握到節奏，配合音樂手舞足蹈。

3. 2 歲的舞蹈家

- 在 2 歲前後，孩子已經能夠對節奏鮮明的音樂作出反應，晃動身體做出準確姿勢，身體協調度得到進一步發展；
- 讓孩子砌積木接龍、盪鞦韆、上下樓梯、拍氣球、倒退走、追逐、追影子、踢球、行平衡木、在地上畫出一條線玩踩線練習，學習平衡身體；
- 泳池、海灘和浴室同樣是危險的地方，絕對要小心看顧孩子；如果孩子表現抗拒下水，不要心急強迫，遲些又何妨？

4. 2 至 3 歲的探索者

- 繼續利用音樂引導他用身體晃動做出姿勢，進一步提高身體協調度；
- 孩子喜歡自己進行各種活動，攀爬、推小車、搬桌椅，樂此不疲；帶孩子去不同的遊樂場玩；預備各種合適的玩具如積木、拼圖、吹泡泡玩具、套塔、套圈玩具、沙包、球類等，讓孩子順應身體意願去做，祖父母為他注意安全就夠了；
- 3 歲以前，孩子運動鍛煉是以發展肢體大肌肉的運動為主，如基本的走、跑、跳等，祖父母可以教孩子模仿動物的動作，如蝴蝶的拍翅起舞、小熊的踏步下蹲、猩猩的擴胸拍胸、青蛙踢腿、猴子轉體、小貓頂背、大象走步、小白兔跳躍等；
- 同時，手指的精細運動能力亦迅速發展，為畫畫、寫字作好準備。

5. 3 至 12 歲體育鍛煉的開始和加強

3 至 12 歲是形成良好習慣的關鍵期，也是孩子生理生長發育和素質發展的敏感期，意大利著名教育學家蒙特梭利認為：孩子 3 歲至 6 歲，必須開始利用體育鍛煉來建立自我保護的能力。在這階段，要幫助孩子養成自覺鍛煉身體的習慣和對運動的興趣。

- 孩子年幼時，鼓勵他做有助加強訓練其手指協調性的活動，如穿衣、脱衣、扣紐扣、繫鞋帶、拿物品等生活技能的強化練習；由於孩子的神經系統對肌肉控制能力仍比較差，不要勉強要求動作的準確性和協調性；
- 建立家庭成員定期運動的做法，和孩子一起運動，如游泳、打乒乓波、網球；
- 和孩子進行體育競賽，如玩皮球、踢球、翻跟頭、游泳等；
- 參加學校運動會的親子項目，如接力賽跑、立定跳遠、袋鼠跳等比賽。

6. 由兒童到少年鍛煉不可停

- 鼓勵及支持孩子參加各種自己喜愛，符合成長水平，能消耗精力的活動，如球類、游泳、武術、划艇、單車、遠足、繩梯、攀石、體操等，只要安全，都可以；養成一至幾種運動的嗜好和專長；
- 為孩子尋找玩伴，鼓勵孩子和其他小朋友玩，舉辦小小運動會或參加正規比賽，增加運動的趣味性；
- 教導孩子，每次劇烈運動完畢後，做深呼吸：站立 → 全身放

鬆 → 深呼吸，肚子放鬆 → 慢慢吐氣 → 肚子收縮；

- 適當引導與放手，不要老是說：「小心！」「不要！」「你不能！」「不可以！」「危險！」等說話，這只會使孩子畏縮不前，減少鍛煉。

7. 讓強壯體魄陪孩子走向青年期

- 中學階段仍須繼續堅持游泳及其他增強體力的鍛煉；勸喻孩子重視體育課，不要借故逃避；
- 鼓勵少年孩子學武術、舞蹈、球類技能等，參加比賽，提高成就感；
- 鼓勵少年參與一些冒險活動，考驗體能與性格，培養勇氣與韌力。

四、需要運動是男孩的天性

運動是男孩子成長中非常重要的一環，需要運動是男孩的天性，因為男孩體內的雄性激素使他們需要更多運動，一起運動也是男孩祖父母和父母表達關懷、互相學習、凝聚不同世代感情的最佳方式。

1. 男孩需要運動

- 男孩天生精力旺盛，從學齡前期開始，已經表現自我意識、反抗叛逆，需要用運動來發洩過剩精力；
- 男孩藉運動鍛煉體質，使自己強壯有力，肌肉豐厚，體形出眾，受人歡迎，提高自信與自尊；

- 造就男孩的陽剛性格和英氣，使他更有勇氣、毅力和韌性去面對挫折、失敗、考驗和痛苦，取得人生成就；
- 運動使天生暴烈、攻擊性較強的男孩得以發洩過剩體力和精力，使他更能遵守紀律；
- 多運動的男孩更能安靜聽課學習，迅速完成作業，用在學習上的時間少於別人，但成績優異；
- 運動使男孩更易產生士氣，提升個人榮譽感和集體榮譽感，因而更易適應社會；
- 增加對羣體的歸屬感和團隊精神，更容易結識同性或異性朋友，互相表達關愛和支持，並能犧牲小我，成就大我；
- 和孩子一起運動，引導孩子認識運動的真正目的在持之以恆、全力以赴、追求更高更強境界，勝不驕、敗不餒，在運動中培養孩子正確人生價值觀。

2. 如何提高男孩的體育智商？

祖父母要和孩子爸媽合作，要把加強和堅持運動鍛煉看成為孩子成長及人生的一件大事來看待，提高體格、體能和適應力，要設法讓男孩愛上運動，養成良好的運動習慣，讓興趣和習慣成為男孩持續運動的推動力。

(1) 注意安全：

- 讓他盡情動手動腳，不要老穿太多衣服，把他包得死死的，妨礙活動；運動前注意先做熱身，做足安全措施。

(2) 多種多樣：

- 讓他玩各種遊戲，拍皮球、踢足球、推汽車、玩飛機、砌積木、擲沙包等，什麼都可以；適當時學習新體育技能。

疊廁紙也可以是孩子喜愛的遊戲！

(3) 不要強求：

- 孩子 3 歲之前，神經系統對肌肉控制能力仍比較差，不要勉強要求動作準確性和協調性。

(4) 把握時機：

- 利用 3 至 12 歲孩子生理發育和素質發展的敏感期，助他養成自覺鍛煉身體的良好習慣、對運動的興趣和體育精神，提供各種符合成長水平，能消耗精力的活動及訓練班；
- 教孩子一些球類運動，逐步按照他的身高、興趣和能力，讓他學習乒乓球、羽毛球、籃球、排球、足球、網球等。

(5) 加入競賽：

- 在小學階段，男孩愛競爭的天性表露明顯，需要肢體動作大、較為消耗體力的活動，不要禁止他運動和參加運動競賽；只要孩子提出，便值得鼓勵、支持和肯定；
- 以運動比賽的成就激勵他的鬥志，精益求精，遇強越強；讓他培養勝不驕、敗不餒的體育精神；
- 不要太計較比賽中的名次，大人的虛榮心只會令孩子產生壓力，對體育產生厭惡感。

(6) **最佳訓練：**

- 慎選教練；教導孩子小心分辨不良示範和不要盲目崇拜運動偶像；
- 若希望孩子膽子大、喜歡冒險、愛探索、愛和較大羣玩伴一起玩，讓他參加制服團隊，如童軍等是最好的辦法。

(7) **深造技能：**

- 鼓勵和支持他深造自己喜歡的運動項目，學習溜冰、武術、攀山、攀石、風帆、獨木舟等項目，培養身手與勇氣，造就堅毅性格；
- 鼓勵他長時間參加制服團隊，如童軍等，擴闊視野，開拓胸襟，學習求生技能，具冒險進取精神，並樂於服務他人，又能結交志同道合者。

(8) **觀賞比賽：**

- 和孩子一起觀看球類比賽的電視播映，如果能力許可，還可以帶孩子一起觀看現場的體育比賽，如美國職業籃球賽（NBA）、世界盃、奧林匹克運動會等，讓他感受現場氣氛、規則意識和團隊合作精神。

五、女孩健康，為一生幸福作準備

女孩子一生的幸福和成就，建立在健康體質上。女孩子健康有問題，體質不好，不但危害女孩本身，更為害下一代，影響人類的未來。因此必須提高女孩體格、體能和適應力，讓運動的興趣和習慣為女孩打下一生幸福的基礎，使巾幗不讓鬚眉。

1. 女孩需要運動

女孩身體的重要發育期，是在 7 至 18 歲。運動鍛煉可以：

- 提高女孩體質，加強活力，精力充沛，為一生幸福奠基；
- 塑造完美體態，滿足女孩對美的追求，自我感覺良好，提高自信與自尊；
- 發展與完善女孩骨骼肌肉，提高心血管機能，降低脂肪水平，減少生理期的不適；
- 增強腹部肌肉和韌帶柔韌性，改善微循環，加強子宮動脈血流量，維持月經正常，為將來做妻子及母親作好準備；
- 促進血液循環，為大腦提供休息時間，並釋放快樂荷爾蒙，容易熟睡；
- 促進神經系統機能，有利記憶與思考，加強女孩心思縝密的特性；
- 培養英氣和體育精神，將來更能夠面對挫折和失敗。

女孩子天性對大人比較順從，祖父母和父母要儘早鼓勵女孩運動，強健體質，以免日後出現生理不順、精神抑鬱的情況。

2. 如何提高女孩的體育智商？

(1) 高度重視：

- 和對男孩一樣，祖父母要和女孩的爸媽合作，把加強和堅持運動鍛煉看成為女孩成長及人生的一件大事，是終身幸福的倚靠來看待，要設法讓女孩認識體質對未來生活、婚姻與職業的影響，改變對運動的看法，愛上運動，養成良好的運動習慣；

- 留意中學女生逃避上體育課的普遍現象；
- 中學女生受朋輩影響，炎夏愛罩毛衣，影響身體溫度自動調節功能，宜加勸止。

(2) 給予自由：

- 從小讓她多自由活動，不要把她包得緊緊，或穿着臃腫，阻礙盡情活動；
- 開始走路時，就讓她自己行走，不要動輒抱她，或讓她靜躺嬰兒車上，養成好逸惡勞的嬌氣。

(3) 掌握時機：

- 由 7 歲開始，女孩生理的力量和速度開始發展，直到 12 至 16 歲時達到高峯；而耐力發展則在 16 至 18 歲，注意掌握兒童少年的生理發展敏感期；
- 身體形態特徵發展最快在 12 至 15 歲，在此時期營養及運動足夠，女孩才能體態健美，為將來生育做好準備。

(4) 順應自然：

- 發展運動宜循序漸進，由慢到快，由輕到重，由短距離到長距離，欲速則不達；
- 女孩運動與否，皆不宜過度節食，喝冷飲，要注意均衡飲食，尤其是必須吃早餐；並須注意攝取大量穀物、蔬菜、水果、豆類食品，以及適量的奶製品，每餐宜進食一個手掌大小和厚度的肉類。

(5) 韻動舞蹈：

- 女孩愛美，故特別喜愛動作優美和有漂亮服飾的韻律操和舞蹈，可利用此種心理，引導女孩參加舞蹈班及體操鍛煉，培養她對音樂和舞蹈的喜愛，加強身體協調力，建立優雅的儀容姿態，表現氣質；此外，女孩還適合瑜伽、健身操、健康舞等。

(6) 想像遊戲：

- 幼年時，女孩愛布娃娃，愛能引發想像力的玩具，可用布娃娃作道具，吸引女孩追逐、運動。

(7) 交流互動：

- 女孩喜歡和玩伴進行有交流和互動的活動，捉迷藏、跳飛機、跳橡筋繩、跳繩、跑步等，是女孩至愛，此等活動能加強下肢的鍛煉，並有助提升肺活量及增加腿部的長度。

(8) 務求全面：

- 女孩進行運動鍛煉，尤須注意全面性，即身體各個部位的鍛煉，以促進身體骨骼和內臟器官的生長發育，以利發展勻稱體形。

(9) 注意休息：

- 女孩大約在 11 至 13 歲時來月經，更要多注意休息，尤其注意學業壓力造成的休息不足對發育及健康造成的傷害，要設法為女孩減壓，以免影響青春期的發育，如出現經痛、閉經等問題。

有個好身體當後盾，學習自然能夠專注、有耐力，做任何事也精神爽利、積極有勁，許多小時候表現出色的孩子，升中學後變得疏懶沒勁，其中很大部分是因為體內環境，即健康出了問題，小時候讓孩子作息有序，盡情玩耍，多做運動，打好底子，才是給孩子最好的禮物。

祖父母的疑惑

嬰幼兒可以坐學行車嗎？

小熙 1 歲時，開始要學走路了，公公婆婆想送他一輛學行車作生日禮物，但小熙媽媽反對，説有些報導指出學行車危險，不要讓嬰幼童坐行，外國已經停售學行車云云。小熙媽媽説得也對，公公婆婆想買學行車，在很多公司都找不到。

可是，每次要彎腰曲背扶着他行走，任誰都吃不消，公公婆婆終於向爺爺骨科專家陳啟明教授請教專業意見，他說：「坐學行車沒有問題，只要注意不要坐太久，每次約坐 15 分鐘至半小時，最重要是嬰兒是否喜歡。」

最後，在得到小熙爸媽同意下，公公婆婆便送上小熙的第一輛車，當公公在他面前裝嵌零件時，1 歲的小熙顯得十分有興趣及專注，車嵌完了，抱他坐上去，不消一會，小腳已懂得移動了。幾天後去探望他，他已經自己到處走了，還一邊走一邊「咭咭」地笑。

只是，他控制方向的技術還差少許，容易碰撞到東西，我們相信，他會自己摸索、調節，改進駕駛技術的！

不用多久，他學會飈車了，從客廳倏的飈到走廊，瞬間不見蹤影，忽然又倏的出現，我們知道，小傢伙十分享受自己控制行動的自由哩！

半年後，他已經自行走路了，不再需要輔助工具；而且他又長得高大，再坐在學行車中，便容易翻車，發生危險，學行車任務完成，便被收起來，束之高閣了。

好孫兒，祝願你健康強壯！

第五章

提升孩子的智慧與能力

孩子早期的教育，決定了他日後體魄發育、性格發展、人際關係、學習成績及工作成就。

第五章　提升孩子的智慧與能力

祖父母希望孫兒有怎樣的成長？是快樂的？成功的？快樂而又成功的？你會怎樣幫助孫兒成長？你認為孫兒在成長中，什麼是最重要的？

當孩子生下來時，無論男女，我們都得無條件地接受，至於智愚，我相信，在後天細心培育教養下，一定能夠幫助孩子開拓智慧，提升能力，使他成長為出色的人！

祖父母，如果孫兒的爸媽工作忙碌，把你的孫兒交給傭人和學校，無暇理會的話，你更要伸出愛的雙手，扶掖摯愛的孫兒一把，不但使祖孫關係密切，而且，不用許多年，孫兒一定給你智慧與能力的回報！這就是你付出的回報，絕對值得驕傲。

0 至 3 歲是為孩子打造智慧能力的關鍵期，千萬不要錯過！

一、先認識孩子的智力機器：腦袋

1. 腦袋的生長

孩子出生時，腦袋重量已經是他全身重量的三分一，之後迅速增長，6 個月時長到約出生時的 2 倍，是成人腦袋重量的 50%，到 8 歲時增重基本完成。

在孩子出生首三年裏，腦幹細胞不斷生長，給他感官上的刺激，有助發掘他的大腦潛能，提升他的腦部發展，使他更聰明。

大腦中最先發展的是控制脊椎和四肢的神經系統，因此，觀察孩子運動能力的發展，便可以知道孩子大腦發育、智力開發的狀況；反過來説，運動有助孩子腦力和智力的開發。

2. 腦有左右，主宰不同的智力

左腦

- 主宰語文、數學、邏輯、分析、排列、條理、符號等；
- 左腦和右半身的神經系統相連，掌管右半邊身的運動和知覺，包括右耳、右視野；
- 又稱為「學術腦」，偏向理性思考，能將複雜事情條理化。

右腦

- 主宰圖像、想像、韻律、節奏、創意、情感等；
- 右腦和左半身的神經系統相連，掌管左半邊身的運動和知覺，包括左耳、左視野；
- 具有欣賞圖畫、音樂等能力，負責情緒處理，傾向直覺思考；
- 又稱為「藝術腦」，是創造、想像的原動力。

要孩子聰明，就要同時開發左右腦：

- 在 0 至 3 歲這段腦部發育關鍵期間，多用食指輕敲孩子兩大拇指上面和兩側，給他做健腦操；
- 讓孩子玩拍打吊球，訓練手、眼、腦協調配合；
- 多進行精細的手部動作訓練，如扣紐扣、繫鞋帶、穿珠、摺紙等；
- 學習正規語文數理之外，同時要着重藝術熏陶。

二、提升聰明基本法

1. 保證孩子有合理的營養、運動及作息

合理營養、運動、作息是益智配方，祖父母要這樣照顧孩子：

- 注意營養分配及合理膳食；
- 每天運動，促進血液循環；
- 陪伴孩子走路上學放學，有助增加祖孫活力，同時享受彼此共聚時光；
- 一定要讓孩子養成愛喝水的習慣，腦袋和血管需要水分運作；
- 用濾水器洗滌食物和烹煮，自來水含重金屬，污染體內環境，使人變笨；
- 全家實行早睡早起的作息秩序，早、午時腦筋最靈活，最好用來學習。

因學習而犧牲充足睡眠，從容吃飯時間，絕對不值得。熬夜損害孩子陽氣，損害視力，絕對不利成長。

2. 給孩子安全感

所謂「安而後能慮」，給孩子最關切的愛護和關注，使他安心，情緒安定，人會變得更聰明更能思考。

- 孫子被媽媽抱在懷裏，從媽媽乳頭啜吸奶水，得到最大的安全感、滿足感、親密感，請協助媽媽餵哺母乳；
- 時常擁抱孫子，讓他依戀，告訴他你多愛他，使他體會到和親人的親密關係；
- 熱情回應他的目光、動作、表情、聲音，他會減少焦慮，感到

安靜；

- 和他多說話、閱讀和歌唱，在互動中使他感覺受到重視和快樂；
- 為他建立生活秩序，定時餵食、洗澡、換尿片，睡前講故事，有秩序的生活讓他感到安穩；
- 他能夠做的事就放手讓他做，如持奶瓶、丟尿片、吃飯，他會得到滿足感、成就感，有助建立安全感；
- 容許他在重複中學習，在錯誤中成長，如他跌倒了或摔爛杯子，不要厲聲苛責，耐心教他正確方法，他會變得積極和有勇氣。

發揮祖父母正能量，對孫兒愛護有加但不事事代勞；關心學習但不加壓強迫；鼓勵精益求精但不要盲目追求完美，孫兒一定不會患得患失。

3. 給孩子創意的刺激

家居布置潔淨多色彩、充滿創意，能使孩子得到適當刺激，腦幹細胞不斷迅速生長。

- 家居空氣流通，有助腦筋靈活；
- 用顏色刺激感官，孩子小時，房間採用色彩繽紛而柔和的窗簾或牆紙，牆上掛滿圖畫，圖案鮮明、讓他可以不時瀏覽；牀上方掛着玩具，讓孩子可以自由觸摸蹬踢；提供多樣玩具，不同質料、形狀、顏色，刺激感官；
- 用圖書拉闊視野，預備多種類型的圖書，無論任何年紀，孩子都需要通過閱讀來刺激腦幹細胞生長；尤其是歷史類書籍，助人鑑古知今，聰明理智；
- 用音樂提升智慧，時常播放古典音樂，音樂能使人聰明；

- 散步聊天，令腦袋休息，又促進思考。

爺爺和公公的積極參與，能提供多樣的做事方法和不同於嫲嫲婆婆的經驗，發揮正面作用，使孩子更快樂聰明地成長。

4. 呵護和引發孩子好奇心

孩子開始爬行之後，對四周事物充滿好奇，自我意識開始出現，祖父母可以這樣帶孩子：

- 帶孩子探訪香港每一個公園，去玩去看；
- 向孩子介紹各種新奇玩意；
- 祖孫互動，進行認知、感覺、運動等各項活動，提升能力，滿足好奇心；
- 一書一世界，以輕柔愉悦的聲音為孩子説故事，引發他追求故事發展及認識事物的好奇心，也在潛移默化中促進語言能力的發展。

5. 啟發孩子的探索精神

孩子學會爬行之後，接着是開始學習站立和走路，説話能力亦加強了，他的好奇心和探索精力得以進一步發展。祖父母可以這樣教孩子：

- 孩子的語言能力提升了，應多和他説話、交流，為語言發展奠

下更好基礎；

- 用引導式的提問，鼓勵孩子探求答案；
- 用玩具和圖書教導孩子理解數理邏輯概念，奠定追尋數理學問的能力及興趣；
- 帶孩子到大自然，觀察探究大自然的奧秘；買幾套百科全書做探究輔助；
- 拓展社交能力，人正是探索社會的對象，教導孩子說再見、揮手等社交禮儀；如果是流感高峯期，握手之後要洗手。

6. 羣體能形成腦力震盪

不同人有不同表現、經驗、做法和想法，讓孩子多認識其他人，在羣體中開闊眼界，提升智慧，祖父母也可以和其他祖父母及父母交換信息。

- 介紹他認識其他人，讓他有玩伴，定期相聚，互相觀察、學習；如果是獨生子女，更須積極為他組織差不多年紀的小朋友的遊戲組，讓小朋友們一起玩耍，互相刺激，建立友誼，學習相處；
- 也可以考慮由祖父母帶他去上遊戲班，讓他接觸其他小朋友，但以他不抗拒為宜。

香港大學畢業同學會的遊戲組

女兒剛滿月，我便在家中組織遊戲組，開始時是三個嬰兒，年紀相差只有三個月，他們每星期見面一次，什麼也沒做，只是一起飲奶，在爸媽懷中聽聽他們互說育兒經，聽聽他們口中有關自己的趣事；然後，他們注意到對方，一個哭起來，另外兩個或者愣愣地看着，或者相陪一起合唱；然後，他們互相觀察，大的一個自己持奶瓶飲奶，小的兩個很快便能夠模仿；一個用手拍奶瓶，沾沾自喜，另外兩個立即起勁合奏；一個忽然抓住自己的腳趾，一副自鳴得意的樣子，另外兩個也緊緊相隨看！嬰兒在互相學習！

其他同學家長知道有親子遊戲組，紛紛帶着孩子來參加，每周聚會，每次由家長主持節目和遊戲，講演故事、唱遊、繪畫；或在平台玩耍，或去不同公園，或踏青郊遊，或組織參觀……家長各就自己專業和專長，安排活動，多彩多姿，開闊孩子眼界。

孩子 2、3 歲時，大家合資請來老師開班，試過開唱遊、繪畫、體育、功夫、戲劇班；中間加插家長做圖書分享、科學實驗、表演訓練等，還有每年聖誕節的合家歡舞台演出。

遊戲組實在太成功了，聞風而至的家庭，增加到 20 多個，孩子由嬰孩到 10 歲，我們實行了「大教小」，家長主持活動，孩子協助策劃及擔任助教的小領袖培訓計劃，孩子的溝通能力及領導才能，就此培養起來。

20 幾個孩子，40 多位家長，是多麼熱鬧的場面！秩序成了問題，終於，我們斗膽地向童軍會申請成立香港第一支親子童軍，要用童軍訓練綱領、童軍紀律和「日行一善」的精神來教育下一代，「為兒童謀幸福，為社會育良才，為國家民族培養有偉大理想的國民，為地球造就有良知良能的新一代」，是我們的理念！

至今，香港第一支親子童軍 229 旅，已經昂然進入第 30 個年頭了！開首那 3 個嬰兒，都已為人父母，一個法學碩士畢業，在國際律師行任職律師，表現卓越；兩個男的在外國取得博士學位，在專業上各展所長，貢獻人類。

三、如何培養孩子智力與能力

智力是人類特有的學習和改造世界的一種綜合能力，「培養能力，發展智力」，大膽地讓孩子的各種智能得到充分發展，時代需要智慧能力兼備的下一代。

1. 從發展幼兒的多元智能開始

根據意大利著名教育學家蒙特梭利的理論：感官是人類和環境之間的接觸點，心靈可以憑藉感官經驗而變得靈巧。兒童為了適應生活和未來，必須對環境有敏鋭的觀察力，而感官的教育，正好是培養孩子觀察力的方法，幫助孩子發揮潛能。

人類主要透過視覺和聽覺來接受外界信息，所以視覺和聽覺能力的發展與智力水平關係密切，祖父母要掌握孩子智力發展的第一個黃金時期，即 0 至 6 歲，適當地進行以下訓練：

	能力	方法
視覺訓練	**辨別——** 認識世界事物各式各樣，且七彩繽紛	**大小長短** • 利用各種教具及物件，教導教子用眼睛辨別物件的大小（體積）、長短（長度）、高矮（高度）、闊窄（寬度）、粗幼的差別； • 讓孩子按照指示，用手取出指令中相應的大小、長短、高矮、闊窄、粗幼的物件；學會用恰當的詞彙比較和表達物件的差別。 **形狀** • 從簡單到複雜，由正方形開始，然後依次是圓形、長方形、橢圓形、三角形、菱形、梯形，以及生活中各種物品的複雜形狀，引導孩子逐一識別。 **顏色** • 由紅色開始，然後黃色、綠色、藍色……每次教孩子辨認一樣，逐次增加。
	立體感知—— 包括視覺、觸覺、精細動作、記憶的認知過程	• 利用積木及各種立體形狀，如球體、圓柱體、稜柱體、錐體等，帶着孩子的小手觸摸、感受辨識形狀； • 先識別一個形狀；指導進行對比，找出同一形狀； • 讓孩子閉上眼睛，進行摸物練習； • 3 至 6 歲是肌肉運動逐漸形成的階段。

	能力	方法
聽覺訓練	**聆聽訓練——** 辨認不同聲音	• 讓孩子安靜，聆聽四周的聲音； • 用不同物品，磨擦使發出聲音，讓孩子辨認； • 將不同物品，如豆、沙等放在小圓筒中，搖動使發出聲音，讓孩子分辨各種聲音的強弱； • 在大自然中進行閉目靜默，讓孩子聆聽大自然不同的聲音。
	音樂教育—— 音樂啟發腦力	• 時刻播放古典及輕音樂，作為孩子活動背景，讓孩子得到潛移默化； • 3 歲以後，可帶孩子去兒童音樂會； • 音樂能影響孩子的情緒，古典音樂使他的行為更高雅，性格沉靜穩重；孩子稍長，可教他用樂曲調整情緒。
觸覺訓練	**粗幼、質地的感覺**	• 引導孩子認識自己的手、手指及其名稱，讓他更有興趣運用觸覺； • 2 歲以上，引導孩子用手感覺兩個粗、幼表面的不同； • 引導孩子用手辨識不同布料的質料差異，並找出另一塊相同質料的布料。
	冷熱的感覺	• 利用喝水、吃飯、洗手、洗澡等機會讓孩子認識冷和熱，練習冷熱感覺。
	輕重的感覺	• 將小木塊放在孩子手上讓他掂掂，比較輕重。

〔續表〕

	能力	方法
味覺訓練	**分辨不同味道**	• 讓孩子用舌頭去接觸鹹、酸、苦、甜的食物，學習分辨不同味道； • 和孩子玩猜味道遊戲，將牛奶、米湯、果汁、清水讓孩子品嘗，讓他說出是什麼。
嗅覺訓練	**分辨不同氣味**	• 1 歲半以上，讓孩子嗅嗅各種水果的氣味； • 孩子 3 歲以上，給他嗅嗅各種調味料，如醬油、醋、麻油等，辨認不同氣味； • 帶孩子到戶外，嗅嗅不同季節、花、草的氣味。

一些提示

- 孩子專注力有限，專注力隨年歲增長，約為 1 歲 1 分鐘，2 歲 2 分鐘，3 歲 3 分鐘；而成年人也只是 30 分鐘；
- 在孩子的學習過程中，祖父母可以提示，但不可以事事代勞，搶着回答；
- 在孩子日常生活中進行訓練，並結合語言詞彙學習，每次練習都要說出物體的形狀名稱，增加孩子對詞彙的敏感度；
- 可以通過多種方式用不同物體重複進行學習，如教具、玩具、生活用品等；
- 每次讓孩子自由地用雙手交替地進行同一動作，可促進左右腦平衡發展，有利提高智力；
- 和其他孩子一起玩，可以互相學習，並激發創意；

- 每個孩子都不一樣，要結合家庭環境和孩子的生理發育水平來進行；
- 幼童會把東西放進嘴裏，因此教具及物品要經常消毒。

2. 提升孩子的才智力

現代教育，主要依靠記憶和機械性重複訓練，加上懲罰方法，孩子成了消極的知識容器，喪失了想像力，一切都是為了分數和選拔，孩子負擔越重，智慧能力越得不到開發，知識卻傳不勝傳，造成有些孩子高分低能，只會做習題，應付考試;有些則知難而退，失去學習興趣，甚至厭學、退學。

以愛提升孩子智力與能力，關乎孩子的成功學習、自尊自信，快樂成長；關乎培育有用之才。不同的孩子在興趣和天賦上有不同表現，但要取得成功和快樂，所需的才智培養其實差不多。

智慧能力的具體表現是記憶力、觀察力、專注力、思考力、想像力、創造力、理解力和表達力。據研究，孩子智力的發展，有三個爆發期，那是 8 歲、12 歲和 24 歲。

(1) 提升記憶力：記憶力是才智的儲存庫

記憶是人類智能的重要組成部分，將所認識和經驗的儲存於腦中，在需要時運用，記憶力強的孩子總會被認為是聰明過人，但記憶不是學習的目的，而是為了應用，孩子記憶的知識越多，懂得活學活用，進步就越容易。12 歲以前是記憶細胞最發達的時期，不要怕孩子記不來。

- 孩子在遊戲中多運用無意記憶，是最快樂的記憶；
- 教孩子運用五官，即視覺、聽覺、觸覺、味覺和嗅覺，掌握事物的特徵，幫助記憶；
- 興趣和理解有助良好記憶，由少至多，由易至難，讓孩子對學習感興趣；
- 和孩子玩記憶力遊戲，如對對配，及童軍常玩的金氏遊戲（Kim's game）等；
- 理解和時常複習，可以提升記憶力；
- 多作各方面的生活體驗，豐富經歷使知識更深刻；
- 作息有序，每溫習一段時間，休息 15 分鐘，讓腦細胞進行記憶鞏固；運動使血氣暢旺，是記憶力的靈藥。

不同孩子有不同的記憶力，教孩子要善用不同記憶法：

- 聽覺型記憶要用聲音學習和溫習，能過耳不忘；出聲誦讀或聆聽講讀對他最有效；
- 視覺型記憶須用腦圖、地圖、圖表，使知識系統化，才能過目不忘；
- 運動型記憶者要高聲朗讀邊做邊記，讓他扮演教師向祖父母或玩偶授課，是不錯的方法；
- 混合型記憶則採用綜合之法，聲音文字圖像混合使用。

(2) 提升觀察力：觀察力是智能的窗戶

觀察並不等於看見，觀察力是一種有目的、有方向、有組織的活動。人們可以憑觀察和自我理性思考而有所發現，觀察有助加強記憶，使知識形象化、具體化。人類知識主要來自觀察，觀察力強的孩子明顯也有較高的智力。

- 若孩子對於觀察有很強的主動性，善於發現，就讓孩子用自己的童眼去觀察，對事物產生興趣；
- 若孩子觀察目的不明確，須有意識地鼓勵孩子觀察不同事物，及引導他要留意什麼和次序，如上下、方向、內外、比較差別等；
- 孩子的觀察通常只看到表面而忽視本質，要指導孩子明確而具體地指出事物的外在特徵及內在本質；
- 感官的教育正是培養孩子觀察力的方法；
- 看圖說話是很好的訓練方法，鼓勵孩子說出看見什麼，時、地、人有什麼特徵，圖畫傳遞什麼信息，多了什麼，少了什麼；
- 學習素描、攝影，有助培養觀察的耐性和捕捉事物特徵的敏捷性。

幼兒驚人的記憶力

婆婆和 1 歲多的小熙玩唱遊，一邊自轉給他看，一邊唱誦廣東童謠《氹氹轉》，小熙是男孩子，開始講話比較遲，他只是定神地看着婆婆唱誦《氹氹轉》，覺得很有興趣，「咯咯」笑個不停。

在他 1 歲半大的某一天，他忽然一邊自己繞着小椅子團團轉，一邊十分興奮開心地，由首至尾一字不漏地把整首《氹氹轉》背誦出來！

《氹氹轉》

氹氹轉　菊花園　炒米餅　糯米糰
五月初五係龍舟節　媽叫我去睇龍船
我唔睇　睇雞仔　雞仔大　拎去賣
賣得幾多錢？　賣咗幾多隻呀？
我有隻風車仔　佢轉得好好睇
睇佢氹氹轉　菊花園
睇佢氹氹轉　氹氹轉又轉

小熙當然並不明白這首童謠說什麼，他只是喜歡團團轉的遊戲，但卻能在無意識中記住了整首長達 80 字的《氹氹轉》，皆因 12 歲之前，腦袋中記憶細胞最發達，對孩子來說，記憶無難度。

這可啟發你如何教導孩子？

(3) 培養專注力：專注力是智能的催化劑

智能須透過對事物的專注觀察與思考，才能提升，孩子學習失敗的原因之一，就是不夠專心；而天才，都有克服沉悶的專心能耐。

- 保持家中寧靜，孩子才能專心，所謂「靜而後能安，安而後能慮」，寧靜真能使人專心，因而能「致遠」；

- 關掉電視、電腦、手機，改以播放柔和音樂，助孩子寧心，精神集中專注；
- 讓孩子玩拼圖、學音樂、繪畫、魔術、剪紙、砌模型等需要專注和耐性的遊戲；
- 教孩子觀察入微，從小的地方着眼，往往會有新的發現，更何況孩子喜愛看小的東西。下次，當孩子聚精會神地觀看小螞蟻時，「嗞……」保持安靜，不要騷擾。

(4) 培養思考力：思考力是智能的核心

思考力是反映和認識世界的能力，能自己思考，從「學會」到「會學」，使孩子學習興趣提升，成績突飛猛進，最忌只知接受，不知思考。思考力就是獨立思維、辨別、比較、綜合、概括、評論，發掘新知識，修正前人知識。

- 幼兒的思維是動作思維，需要行動和參與，給予他們機會盡情遊戲、玩耍；
- 多從事手部活動，讓孩子學習使用各種工具，從事各種工作，手腦結合，刺激心智發達；
- 加強形象思維訓練，觀察圖形、砌模型、進行想像遊戲、欣賞美的手工藝等，均有助形象思維的建立；
- 小學階段由形象思維過渡到抽象邏輯思維，腦圖（Mind map）、複雜模型、實驗、模擬遊戲有助邏輯思維的建立；
- 用引導方法讓孩子去觀察、分析、論證、思考和解決問題；不要直接提供答案。

(5) 培養想像力：想像力是智能的雙翼

想像力是人類學習、創新、改造世界的雙翼，人類的科學和科技突破，包括太空探索，全憑無窮的想像。想像力不是憑空亂猜胡想，而是圍繞一定中心，以解決問題為目的。想像力豐富的孩子會自己編故事、畫出出人意表的圖畫、創造別出心裁的東西。缺乏想像力的孩子，將會是學習困難的孩子。

- 給孩子打開一個個世界窗戶，才能引發孩子非凡的想像力，一本書就是一個世界，不同的書給孩子不同的知識；
- 從祖孫閱讀到孩子自行閱讀，從文學天地中去啟發聯想與想像；可讓孩子嘗試續寫故事、改寫結尾、充實畫面等；
- 有計劃、有目的地深化觀察，可以發展想像力，使其日漸豐富；
- 和孩子玩想像力遊戲，如看線條、圖形猜物件；看天空猜白雲形狀；去海灘玩沙；玩家家酒、砌積木、魔術、猜謎語、接龍、火柴棒或牙簽拼圖等思維體操遊戲；
- 重視孩子的音樂教育，讓他從樂章中去想像；許多科學家都愛好音樂，甚至是音樂家，如愛恩斯坦便拉得一手好小提琴；
- 讓孩子學習美術，開拓想像空間。

(6) 培養創造力：創造力是智慧的明珠

創造力是人類智慧的明珠，是人才的綜合能力的最高境界表現，是文化的繼承和開發者。有創造力的人記憶力強，觀察入微，想像獨特，能獨立思考，思路開闊，舉一反三，觸類旁通，富創新精神，能提出新主題，獲取新知識，迎接挑戰，知道變通，解

決困難，取得成功。想孩子成才，必須重視創意培養。

- 保持孩子童真，祖父母也返老還童，和孩子盡情玩耍，是培養孩子創新意識的重要方法；
- 欣賞孩子的風趣幽默、有旺盛求知慾、強烈好奇心、愛發白日夢、多疑多問，這是富創造力孩子的個性特點；
- 培養孩子在生活上的獨立性、自主性、自理能力，他才能有獨立獲取知識及獨自思考的能力；
- 學習歷史，歷史使人聰明，從前人經驗中吸取養分，才能推陳出新；
- 學習科學，敢於懷疑，挑戰權威，因而能有所創新；
- 接觸藝術，藝術刺激右腦，啟發創意。

不須強迫孩子預習，預習要有創造性目的，沒方法目的的預習費時失事，影響孩子上課的興趣和專注，扼殺創意；也不要讓孩子太偏重某一科，「偏科」影響智力全面發展。

(7) 培養孩子理解力和表達力：理解力和表達力是智力的利器

孩子的聰明才智，很大程度上取決於他的理解力和表達力。所謂理解力和表達力，包括聽、讀、講、寫、計算的能力，是學習的利器，使孩子的思維有了概括性、目的性，表現了孩子的自我意識，引起學習動機，取得好成績，得到讚賞。理解力和表達力，並不是與生俱來的，需要後天的積極培養。

- 重視閱讀，讓孩子經常閱讀好書，提高感知、理解、表達和思考能力；

- 從閱讀中吸收文字的養分和技巧，孩子便能善用口語及書面語，準確表達自己；
- 從閱讀中吸收圖畫的養分，引發聯想，孩子便能善用圖像表達自己；
- 整齊的書寫，是良好的表達呈現，養成習慣後，不同科目的作業也會整潔有條理；
- 讓孩子多交朋友，與大人小孩交往，增加運用理解力和表達力的機會；
- 學習外語至關重要，它讓孩子打開一個又一個窗口，擴闊眼界和胸襟，提升素質。

四、認識孩子的天賦才華

人類生活有生理的、安全感上的、愛和被愛的、尊嚴的和自我實現的五大需求，這五個層次決定了人生的層次和快樂程度，甚至健康品質、性格與壽命的長短，要幫助孩子成長得更好，得先認識他的天賦才華，以便他能得到更好的培養和更大的發揮。

	孩子的表現	需要的訓練
語文的才華	表現語文的興趣和學習能力，具有閱讀及寫作的天賦，本土和外國語文，一學就會，一懂就表現準確。	• 和他說話、唱歌、玩模擬角色遊戲； • 供給各類圖書，親子、祖孫閱讀，自小練就語文耳朵，有機會多聽多吸收； • 讓他自己講故事，從中提高語文的興趣和能力；參加演講、朗誦、辯論比賽；再然後是寫日記、作文、投稿，參加比賽； • 輸贏不重要，重要是觀察他的表現，發展他的才華，使他的天才得到提高和肯定。
數理邏輯的才華	善於數字思考，抽象邏輯思維，數理頭腦特強。通常表現理智沉着，很愛觀察，很愛思考，很會推理。	• 玩數字遊戲；在日常生活中尋找數字、學會計算； • 給予練習數學題和做科學實驗的機會，進一步幫助他們求準、求快； • 讓他參加數學大賽和科學發明比賽，使他有表現數理邏輯能力的機會，加強對此方面的興趣和尋求更上一層樓； • 讓他學象棋、圍棋、橋牌等推算遊戲，並參與這類比賽，加強推算思考力； • 玩「如果發生……，就會發生……」的推理遊戲； • 帶他看星空，培養他的宇宙觀；教他種植，使他了解生命，引發他對科學的興趣。

〔續表〕

	孩子的表現	需要的訓練
感受空間的才華	對空間、平面、方向的感覺特別強烈，對圖案、圖畫、線條特別有興趣。	• 供應多種顏色和各種紙筆，讓他能夠用圖像表達腦中的想像和思考； • 多玩拼圖、砌各種模型、做手工、廢物利用； • 和他一起布置家居，讓他設計自己的房間； • 若能力許可，為他聘請最好的美術老師，提高他欣賞和創作藝術的能力；不妨參加海內外各種藝術比賽； • 多帶他去接觸大自然，大自然是最偉大的藝術家； • 多帶他去藝術館、博物館，去看各種展覽和建築。
音樂的才華	聽覺靈敏，音感特強，歌曲樂章，入耳即能哼出。	• 多讓他聽音樂、有韻律的童詩和童謠，教他辨認各種聲音； • 和他唱歌，讓他聞歌起舞； • 讓他玩各種樂器玩具； • 給他選擇一、兩種樂器，接受訓練； • 帶他去聽演奏會，在家裏組織小小音樂會，提供音樂設備和書籍，讓他在音樂的環境下長大； • 選擇重視音樂的學校，有更多機會接近名師、參加音樂營、暑假海外演奏等。

	孩子的表現	需要的訓練
身手敏捷的能力	身體各部分協調出色，心靈手巧，體能特佳，熱愛運動，表現出色。	• 讓他玩各種平衡、協調遊戲；公園、遊樂場、海灘是幼兒表現身手的最佳地方； • 鼓勵他奔跑、跳躍、做體操，展現身手； • 讓他參加合適的體育訓練、魔術、雜耍、花式跳繩，甚至聘請專人加強培訓； • 鼓勵他參加比賽，使他的天賦得到肯定； • 跟隨最好的教練，提升水平。
哲學和思考的才華	思想早熟，愛沉思默想，長於發掘問題，對人生和宇宙具探知熱忱。	• 和他天南地北討論問題； • 鼓勵他多讀哲學性、文學性、宗教性書籍，參加講座，吸收知識； • 留意時事，了解人生與人性； • 將思考到的問題和想到的答案寫出來，有助擴闊和加深思考； • 善用腦圖捕捉思考過程； • 善用暑假上一些哲學班，接近名師，加深理解。
人際溝通的才華	天生愛交朋友，擅長組織，富領導力，適應力強。	• 帶他到公園等地方和其他孩子玩，邀請小朋友來家中玩，助他結交朋友，學習相處； • 為他組織有質素的遊戲組，讓他在高質素的羣體中學習溝通技巧； • 鼓勵他參加團體活動，如童軍、紅十字會、聖約翰救傷隊、義工團等，讓他的領導才華有發揮和發展的機會； • 教他說話技巧和看心理學方面的書籍。

了解孩子，訂立和調整教育方向，協助他們規劃成長路，規劃人生，幫助他們實現自我，快樂成長。

放縱孩子的好奇心，讓他多提問，和他多對話、討論和辯論各種議題，引發他各方面的思考。

慈愛孩子，信任孩子，讚美欣賞他的成就，容許他選擇，容許他犯錯，不要經常用「不可以！」「怎可以這樣？」等否定說話窒礙孩子腦部發育。

祖父母的疑惑

要怎樣才能了解孩子有沒有學習障礙？

有些孩子，在學習上出現某些障礙，不要誤以為是智力問題，如發現孩子出現以下情況，請尋求專業意見：

語言障礙

- 說話不流暢，發音有問題，句子欠通順；
- 不明白別人的說話；
- 口頭敘事能力弱。

讀寫障礙

- 有認字及閱讀困難；
- 記憶文字感吃力；
- 理解篇章內容有困難。

視覺空間感知障礙

- 容易混淆形狀相似的字，中、英文亦如是；
- 寫字時難以掌握筆畫的位置、長短、組件；
- 看圖像時，不能分辨前後景觀。

發展性協調障礙

- 手眼協調力弱，寫字較吃力；

- 身體平衡感較差；
- 動作笨拙或時常無故跌倒。

情緒障礙

- 專注力不足，或經常發呆、或魂遊太虛，心不在焉，不能留心上課；
- 過度活躍，跑來跑去坐不住；
- 社交有困難，不知如何與人相處。

第六章

語文能力是孩子聰明才智的第一表現

語文能力影響智力的發展，
是孩子聰明才智的第一表現，
是他一生成功快樂的基礎。

第六章 語文能力是孩子聰明才智的第一表現

語文是人類的特徵和特殊需要，是進行思維、表情達意、反映和記錄思想的工具。語言使孩子有了自我意識，透過語言，表達自己，了解他人，對事物進行辨識、分類、綜合、判斷和推理，語文幫助他學習和發展思維，提高認識客觀世界的能力，增進與古今中外智人溝通的能力，開啟了智慧大門，可以説，語文能力影響智力的發展，是孩子聰明才智的第一表現，是他一生成功快樂的基礎。

一、環境對孩子語言學習的影響

孩子要在豐富而優良的語言環境中學習語言，在家中、社區裏、學校裏，在互動中、活動中、遊戲中，從爸媽、祖父母、老師的語言中學習。多給孩子身體的接觸和撫愛，讓孩子感到安全和愉悦，他便越想説話；被冷漠對待的孩子，會對和人交往失去興趣和信心，不利智力發展。

狼孩的故事

一個剛出生的孩子，被留在人跡罕至的荒生野嶺中，被一頭狼發現了，叼回狼穴中，母狼將他視作自己孩子般餵哺，

小孩長大了，不會說人話，只會像狼般嗥叫。

後來，狼孩被發現了，被帶回歐洲的文明世界，被教以人類的語言，但可惜，在人類社會中生活多年，他仍然沒法學到正常說話，因為，他已經錯過學習語言的黃金時期！他的大腦存在的先天語言中樞，因為在發音構造的發育定型期間，一直沒得到練習機會，已經失去先天性發音構造的準備發展，即系統地學習一種語言的全部發音的能力，所以無論狼孩怎樣努力，都只能夠發出和野獸叫聲接近的一些詞彙。

二、語言發展有一定的規律

從出生開始，孩子就對人類的語言學習有天生的興趣和本能，能以單一音節回應爸媽的聲音，其實，孩子學習語言的工程已經開始了。學齡前，更是孩子語言發展的關鍵時期，要視培養孩子的語文能力為一項偉大工程。

	年齡	語言能力發展特徵	祖父母要做什麼
聆聽期	1-3個月	能夠辨認爸媽親切的聲音，呢喃學語。	• 積極回應；對着他呢喃細語； • 為孩子唱兒歌，播音樂。
	4-5個月	能夠專注聆聽，吸收單詞； 能夠發出「伊伊呀呀」的喉音。	• 多和孩子「說話」，不厭重複，開發語言能力； • 為孩子唱兒歌，播音樂； • 讓孩子多看色彩繽紛的圖畫和玩具，為日後觀察成人口形學習說話做準備。
	6個月	從聆聽到模仿發音。	• 說準確語言，為孩子閱讀，訓練孩子的聆聽力； • 為孩子唱兒歌，播音樂； • 讓他多觸摸不同事物，使他日後能順利結合聲音和物品。
	7-9個月	對聲音情節開始有概念，能跟着音樂舞動手腳，扭動身體； 能認識五官、身體各部分名稱。	• 向孩子重複說出五官、身體各部分及物品名稱，讓孩子吸收詞彙之正確字音； • 注意口形，讓孩子模仿； • 為孩子唱兒歌，播多種風格音樂。

	年齡	語言能力發展特徵	祖父母要做什麼
聆聽期	10 個月 - 12 個月	能理解日常用語，能用簡單動作回應或開始說話。	• 訓練孩子辨認物品名稱； • 為孩子編故事，把其中主角換上孩子的名字，提高他的興趣； • 為孩子唸童謠、唱兒歌、播樂曲。
準備期	13 - 15 個月	了解詞彙，認識物體名稱及用途； 詞彙量突飛猛進，並能說出單字、雙音節詞、單句； 男孩的發展較女孩稍遲。	• 鼓勵孩子用語言表達需求； • 說完整句子，訓練孩子的語言理解力、複述力和表達力； • 為孩子唱兒歌、唸童詩和童謠、播樂曲。
	16 - 24 個月	能回答問題； 能表達個人需要； 能記住自己名字、認識家人稱謂、動物名稱； 學會辨別聲音，如鳥叫聲、汽車聲、電話聲等； 能唱兒歌、唸童詩、童謠； 學會數數。	• 讓孩子複述故事，為孩子朗讀故事； • 帶孩子出去玩，多向孩子提問； • 訓練他回答問題，如看物品圖片說明用途，用洋娃娃玩表演遊戲； • 繼續讓孩子唱兒歌、唸童詩和童謠，以及古詩詞； • 教數目字。

〔續表〕

	年齡	語言能力發展特徵	祖父母要做什麼
準備期	2-3歲	能說完整長句、編故事； 能記住爸媽姓名； 會用人稱代詞：我、你； 開始喜歡提問； 明白相反概念； 在活動或遊戲中常常自言自語。	• 用完整句子和孩子開心聊天、問答； • 看圖說話，培養觀察力及思考力； • 為孩子說故事，讓他複述故事，訓練他說完整句子的能力； • 為孩子朗讀故事，讓他學習白話文； • 多使用形容詞、描述性詞句、反義詞配對，豐富孩子詞彙； • 帶孩子探索世界，認識事物，豐富詞彙； • 和孩子玩傳悄悄話遊戲； • 繼續背兒歌、童謠、詩詞。
基礎期	3-6歲	對學習語言興趣濃厚，常嘰哩呱啦的說個不停； 喜歡發問； 語言和思維能力進步，求知慾旺盛。	• 和孩子開心聊天，天南地北，教他談吐的禮貌和條理； • 在路上玩機智問答遊戲：選擇性、思考性、直告式、對比式、自由發揮式的開題皆可； • 玩猜謎遊戲，訓練推理和聯想力； • 以完整句子答問，進行語句訓練和運用創新語言能力；切忌口頭禪； • 繼續講故事、背歌謠。

	年齡	語言能力發展特徵	祖父母要做什麼
小學階段－發展期	6 - 8 歲	接受正規教育，專注力、求知慾、創造力大大提高，記憶力強，學習更高層次表達，需要關懷。	• 善用成語、格言、詩詞、名句、諺語，豐富孩子詞彙，使學習說話有禮得體； • 玩猜謎語、文字謎宮、接龍遊戲，刺激腦袋機智； • 加強閱讀，為圖畫書過渡到文字書作準備； • 不用怕背誦，盡量背誦佳文佳句。
小學階段－成長期	9 - 11 歲	獨立能力、組織力、觀察力、判斷力、自制力、邏輯推理能力逐步提高；愛幻想、愛刺激。	• 加強背誦、默寫、演說、朗誦，提高語文水平； • 用提示法，多和孩子討論功課，不要直接提供答案。
中學階段	12 歲以後	邏輯推理能力加強； 情感豐富，有主見，愛自由發揮； 發展人際關係，需要學習切合場合、身分、文化差異的說話方式； 容易受朋輩的說話方式影響。	• 和孩子說話，忌囉唆重複；勿諸多批評； • 要求孩子說話文雅、得體、有禮、有效、能體諒他人，培養泱泱大度； • 鼓勵孩子多讀古詩詞散文，提高素養，塑造個人優雅風格，體現教養； • 看幽默文章及節目，培養幽默感。

不要以為孩子還小，聽不懂大人的説話，其實你的表情、動作、語氣、聲音的變化，有時候，已經透露了你的內心，他會形成對你的觀感，且有樣學樣！

三、這樣和孩子說話，能為他奠下良好語言基礎

和孩子説話，要用接受和欣賞的心態，以孩子可以明白和接受的方式，孩子會就你説話的表情、語調和內容，作出反應，並累積在潛意識中，你以為在教孩子説話，為他奠下良好語言基礎，其實，説話，並沒有那麼簡單，説話，影響了孩子的情緒、個性和行為，甚至決定了他以後成功或失敗的人生路！

和孩子說話 10 法：

(1) **經常和重複**：和年幼孩子説話，要經常和重複説生活細節，以及積極和快樂的話，不要怕唱獨角戲，讓孩子感受到你的關懷和得到模仿語音的機會；孩子 3 歲左右，便可以跟他聊天了，例如在他睡覺前，和他聊聊當天的經歷，講講各自的感受，要具體而形象化，這可訓練他的邏輯思維和表達力；

(2) **清楚和正確**：盡量發音清楚、正確，嬰幼期孩子正努力嘗試運用口腔的舌、齒、唇、顎和鼻等部位模仿發音，所以把孩子交給外傭保母，絕對不是好辦法；如果不確定如何發音，請查字典或請教別人；

(3) **眼神和微笑**：和大小孩子説話，都要有眼神接觸，滿臉溫馨的微笑，配合適當的身體動作，給孩子快樂的感受；還有，最重

要的是或彎下腰，或蹲下來，保持和他一樣的高度，握着他的小手，讓孩子感受到你的關懷和可親近；

(4) **耐心和專注**：耐心聽孩子説話，神情愉悦，專注集中，努力去理解孩子的語言，也培養孩子耐心聆聽的態度，增強專注聆聽能力，孩子才能學有精進；

(5) **雅潔和簡明**：為養成孩子良好的、雅潔的、簡明的、高級的語言習慣，要小心為孩子樹立良好榜樣，不要為覺得有趣，或為遷就孩子，學孩子説嬰兒語或社會上的粗俗語。

孩子時常在聆聽，因此大人們之間談話要小心，既要讓孩子學習到優雅的語言，也避免在無意中傷了孩子的感情。

小熙的傷心

小熙只有半歲大時，開始吃「糊仔」，常常吃得一嘴都是，模樣兒十分惹笑、可愛。有一次，我上他家照顧他，看他吃午餐，他又是吃得一嘴都是粥糊，變了花面貓，我和兩個家傭開玩笑說：「你們看他，正一污糟鬼……」我話口未完，小熙忽然嚎啕大哭起來，哭得十分傷心，我知道我的說話令他不快了，立即摟着他，向他道歉說：「噢，小熙，對不起，婆婆不是罵你骯

髒，是說你可愛啊……哦，小熙不要哭……」多番哄慰，小人兒才破涕為笑。

祖父母，不要小覷孫兒的聆聽理解能力！

(6) **欣賞和鼓勵**：和孩子説話，要多説欣賞、稱讚和鼓勵的話，代替指責和比較，使他感到愉悦，提升成功感和自信心，有助使他建立創造力，和要做得更好的意志力；可是，如果孩子出現了錯誤的行為或説了無禮的語言，要及時教導，以愛幫助孩子成長，以正面教導而非責罵，使他成為有教養的孩子；

(7) **分享和寬容**：和孩子分享，給孩子鼓舞，幫助他表達自己，使他得到成功和被信任的感覺；也可以給他一些建議，或暗示行動的説話，讓他把事情做得更好；如果孩子做錯了事，肯勇於坦誠承擔，要寬容，加以安慰，可免於他淪為「大話精」，這點，是祖父母的強項，能贏得孩子心；

(8) **提問和回答**：多向孩子提問，可以有針對性地關心他的生活，可以是啟發孩子思維、引發好奇心的問題；鼓勵孩子發問，能夠使他有滿足感；同時也應教導孩子回答別人的問題，不要搶着替他説話，使他的言語發展受到阻礙，影響智力發展；

(9) **感恩和愛語**：感恩和愛的話語，能使孩子性情平和，更易有滿足感，才能夠產生同理心，能關心別人，因而更易感到快樂，贏得好人緣，走向成功快樂的人生！

(10) **誠信和責任**：注意對孩子許下承諾時要負責任，不管遇到什麼問題，都一定要做得到，否則，不但會使孩子失望，更會對你失去信任，而且成長為撒謊、沒有誠信的人。

幼兒的「語言偽術」

信不信由你，幼兒也有「語言偽術」，陳萬雄館長的孫兒小勳，1 歲多的小不點，有一次，對着他叫「公公」，他明明是「爺爺」呀，平日都沒有叫錯，今天怎麼了？正當大人們大惑不解時，卻發覺小勳斜着慧黠的眼睛看着他們，嘴角微掀，暗露微笑，看着大人們緊張的反應。陳館長知道了，小不點正在施展「語言偽術」，玩弄一班大人。幼兒的智慧，我們怎能小覷？

（故事由饒宗頤文化館名譽館長陳萬雄先生提供）

說起來，小熙也曾經故意把婆婆叫做「嫲嫲」，公公叫做「爺爺」的，叫着時，也是斜着慧黠的眼睛看着我們，嘴角微掀，暗露微笑，看着我們的反應，聽了陳館長的故事，哈哈，婆婆還會中計嗎？

四、培養閱讀興趣和習慣，即為孩子打開世界

書籍是人類智慧的結晶，為孩子打開一本書，就是打開一個世界，祖孫閱讀這件事，祖父母不能不做！

人類獲得知識，一般有兩個途徑，一是直接從實際的社會活動、從事生產勞動和科學觀察與實驗中獲得；二是從前人或他人

的傳授，即通過口述、文字，或媒體中獲得，孩子年紀還小時，主要從第二種途徑學習知識，增進智慧，作為人類智慧結晶的書籍，讓孩子可以從閱讀中獲得知識，對孩子心智發展，實在十分重要。

想培養愛看書的孩子，祖父母，請在每天固定時間，關掉手機和電視，抱着孫兒，讀故事給孩子聽，在輕柔舒緩的讀書聲中，與孩子一起沉醉在美麗的圖畫和故事中。這個充滿了愛的氛圍，使祖孫一同感到讀書是隔代最幸福的事，大家都得到極大的愉悦和滿足。和書做朋友，祖孫一起發現故事書的神奇魔力，不分年齡，不論資歷，講故事和聽故事的融為一體，心靈投契，共同享受到讀書的樂趣，營造了家族的幸福感，是一件需要每天都做，而且堅持不懈的事！

1. 為孩子進行閱讀活動，事在必行

為孩子講故事、讀圖書有 10 大好處：

(1) 故事中涵蓋豐富知識，能擴闊眼界，擴展知識，帶領孩子深入生活各層面和接觸世界、宇宙，提升觀察、理解、想像、思考、分析等能力，使正規學習、吸收知識更容易；

(2) 滿足好奇心、求知慾、培養感知能力、聯想力，促進心靈和智慧的良好發展；

(3) 發展想像力，圖書能引發想像力，想像力是創造力的基礎，而創造力正是人類未來命運的所依；

(4) 養成耐性和專注，祖父母全神貫注説故事，孩子專注聆聽，建立耐力，塑造成功性格；

(5) 培養組織和表達能力，從故事中的起承轉合，即開端、發展、高潮、結尾的布局中學習到組織和條理，提高表達能力；增強邏輯思維能力，以及表達思想的能力；

(6) 訓練説話，利用插圖，讀、看、講結合，培養孩子對圖畫的理解和訓練孩子看圖説話的能力，學習表達的詞彙和方式，有助提升語文能力和智商；

(7) 能寄托精神，釋放壓力，找到解決問題的方法；

(8) 陶冶心靈，培養良好品德，有利成長；

(9) 熏陶美感，欣賞美麗的圖畫，品味優美的文字，培養「美」的性情和品味，有助抗拒誘惑；

(10) 引起閱讀興趣，養成一生受用的好習慣。

2. 怎樣為孩子選好書

(1) 真、善、美的原則

- 切合童真童趣，最重要是內容有趣，主題正確，宣揚人性美善，圖畫優美，充滿藝術美感，切合孩子成長需要，題材積極，並且富幽默感的書；

- 選內容開心有趣幽默的圖畫書，幫助建立自信和自理能力，不宜選有驚嚇情節或使孩子擔心的內容，如鬼怪、傷害、死亡等主題，因此，一些流行的圖書其實並不宜 6 歲以下兒童閱讀；
- 孩子喜愛韻律，講故事之外別忘了教他背誦童詩、兒歌、童謠和古典詩歌。本書最後附有《嬰幼兒快樂小詩》，適合祖父母和 0 至 3 歲幼兒一起讀一起唱。

(2) 因應孩子成長的需要

- **0 至 2 歲嬰幼童**：幼兒需要繪本，圖畫簡潔精美，色彩鮮豔，主體形象和文字都很大的圖畫書；不易撕破的布書、塑膠洗澡書、能「玩」的硬板書、立體書、觸覺書，都是能引發孩子好奇心和想像力的書；
- **3 至 6 歲學齡前**：孩子需要繪本和故事書，選擇充滿創意和想像力，插圖誇張、故事有趣、不太簡單又不太複雜的，和孩子生活、自然界、社會有關的圖書；
- **小學階段的孩子**：讀小學的孩子想像力豐富，愛沉醉在生活故事、校園故事、動物故事、冒險故事、童話、神話等，給孩子選內容和圖文俱佳的好書是孩子最好的禮物；刁蠻胡鬧的題材看似熱鬧有趣，其實誤導孩子；在某程度上不能完全以孩子的主觀喜好為選書依據；後期可過渡到偵探故事、推理故事、探索現實環境及自然奧秘的文字中去；
- **中學階段的孩子**：讀中學的孩子喜愛成長小說、歷史故事、生活智慧故事、反映人性和社會的散文，幽默惹笑的文字，能幫助他們抒發成長壓力，慰藉心靈並導他向善；祖父母可送贈一些正面而孩子會接受的作品給孩子，但須小心，一些公主王子或愛情的題材容易引發錯誤的幻想。

(3) 因應孩子能力的發展

- **3 歲之前的孩子**：適合閱讀美麗的繪本，亦即圖畫書，圖畫要簡單，內容淺易，頁數少，若孩子的小肌肉仍未發育完全，可選厚紙板圖畫書，可以沒有文字，讓他自己翻看；亦可以是文字圖畫書——附有簡單短小的文字，引起孩子對文字的興趣；

- **小學階段的孩子**：要引導他們由閱讀圖畫書過渡到文字書，隨孩子年紀越長，增加文字，可參考出版社建議的閱讀年齡；高小學生可嘗試看中國四大名著小說之一的《西遊記》；偶然挑些較難的書，可測試孩子可接受的程度；
- **中學階段的孩子**：祖父母可向他們介紹中西名著，如金庸的武俠小說、中國四大名著的其餘三本《水滸傳》、《三國演義》及《紅樓夢》；或中國其他的古今文學，提高語文水平，吸收文化智慧；
- **有閱讀障礙的孩子**：電子書可能較易吸引他們的眼球。

(4) 隨孩子興趣並加以提升

- 了解孩子的興趣，送贈有關書籍，如藝術、武術、詩詞、科學、生活方面的圖書，孩子和祖父母也高興；
- 將常識性書籍和兒童書放在一起，擴闊孩子閱讀領域；
- 時常更換書櫃書籍，增加新鮮感和吸引力。

(5) 工具書絕不可少

- 預備幾套百科全書和中英文字典，放在家中當眼的地方，一遇不明白的地方，或孩子提出問題時，祖孫一起翻查，向孩子示範解決疑難、尋求知識的方法，孩子一生受用無窮；
- 經常帶孩子到書店，和孩子一起選書，可培養孩子愛書和看書的積極性。

五、為什麼祖父母給孩子說故事，孩子最喜歡？

- 因為祖父母有閒心，不急不忙，不會急於完事；
- 因為祖父母有耐性，不怕重複，不厭其煩地應孩子要求，說了一次又一次；
- 因為祖父母愛說話，透過故事書，天南地北，和孫兒有說不完的話題；
- 因為祖父母有童心，返老還童，與孩子心心相印，能欣賞孩子的故事；
- 因為祖父母夠細心，不會忽略細節；
- 因為祖父母有精力，不會敷衍了事；
- 因為祖父母有毅力，能夠持續地為孫兒講故事；

- 因為祖父母有時間，可以到書局打書釘，為孩子選擇最好的圖書；
- 因為祖父母肯付出金錢，為孩子購置圖書說故事，影響孩子一生；
- 因為祖父母肯付出愛心，全心全意為孫兒做有益一生的事。

六、說故事的技巧

為孩子說故事，尤其是在孩子睡覺前，是潛意識教育法，效果很好。

1. 說故事前的準備

- 和孩子父母合力，為孩子準備好一個豐富的書庫，使圖書隨手可得，講故事時有書可用，且能隨孩子需要而作選擇，並能讓孩子自己選擇他要聽和看哪本書；
- 調節好自己的心態，以最認真而熱情的態度，輕鬆的心情，準備開始祖孫閱讀，讓自己和孩子感受到最大的溫暖和幸福；
- 把年幼的孩子摟在懷中，讓他感受到你的愛錫，沉醉在祖孫間的溫暖；

把孫兒抱在懷中一起看書，感覺溫馨。

- 找個固定的舒適地方，白天，在廳中一角；睡前，在牀上；白天，給孩子一瓶水；睡前，給他一瓶奶，作為講故事前的信息，讓他的心靜下來，準備聽祖父母講故事；
- 對年紀較大、能夠自己閱讀的孩子，將上牀時間提早半小時，給他自由看書，須注意房間有適當的照明設備。

2. 故事進行中的混身解數

觀察孩子的接受程度，來調整説故事的方法。

混身解數一：看看、摸摸

(1) 拿起一本書，和孩子仔細看封面，用封面圖畫吸引注意力，引起孩子閱讀的興趣；

(2) 和孩子一起欣賞封面圖畫內容，和他談論有關細節，讓他調校好準備聽故事的心理；

(3) 指着封面，清楚地讀出故事書名稱；

(4) 和孩子一起讀一次書名，一字一字的和孩子一起讀出來，無形中教孩子認字；

(5) 要求孩子自己把書目讀一次，這可以訓練孩子的聆聽和説話能力，孩子説了之後，記得稱讚他，摟他一下，親親他；

(6) 如果孩子就讀小學，可以帶領他認識作者的姓名，指着作者姓名讀出來，有助增強記憶力，並因喜歡作者而愛上閱讀；

(7) 指着封面要孩子猜猜故事是説什麼的？以培養孩子的猜想力。

混身解數二：開心講故事 12 招

(1) 放下一切，不急不躁，開心愉悦，享受當下這一刻為孫兒講故事的樂趣，帶着熱忱和渴望為孫兒講故事，才是吸引孫兒愛聽故事及愛上故事的主要原因；

(2) 用孩子的第一語言講述故事，即他們熟悉的廣東話或普通話，甚至英語，使孩子容易明白，有親切感，不要兩語或幾語夾雜；

(3) 語調要輕軟溫柔，充滿愉悦愛意，讓孩子在成長中得到溫馨親切的感受；

(4) 語速快慢，聲調高低，可按故事情節而變化，可幫助孩子投入故事情境中，但不宜太抑揚頓挫，年幼孩子會受驚；

(5) 表情要豐富，放膽做一些傻氣的表情，動作別太誇張，孩子年紀越小，越易被太誇張的表情聲音嚇怕，拒絕聽故事；

(6) 不要忽略細節，敷衍了事；

(7) 和孩子欣賞圖畫，利用插圖，培養孩子的美感，訓練孩子看圖説話；

(8) 一邊講説一邊配合動作，也可以讓孩子模仿，增加聽故事的樂趣；

(9) 故事講到一半，可以故意停下來，讓孩子猜猜將發生什麼事情，吸引孩子興趣；

(10) 一邊講一邊提問，了解孩子的想法，也可以利用書中所設提問和活動建議，以增強説和聽故事的趣味性；

(11) 可以請孩子協助翻書；

(12) 請孩子參與，如加上聲音效果。

3. 說故事之後的提升秘笈

(1) 繼續就故事插圖及各個情節和孩子討論，在問答之中訓練孩子思考，培養孩子提問和回答的勇氣；

(2) 小學階段，為孩子進行書後建議之活動，就孩子當時興趣，或繪畫、或角色扮演、或辯論、或把故事改編成戲劇；

(3) 講故事後一定要為孩子朗讀全篇文章，同時可以請他扮演其中一個角色；祖父母若有不懂的字，要先查清楚字典或向人請教，以提高對書面文字的吸收；

(4) 如果祖父母會説普通話，能夠用普通話再朗讀一遍，更能助孩子打下語句規範的基礎；

(5) 朗讀時放開心情，投入角色，聲情並茂，必能使孩子感受到文字的優美，愛上文學。

小熙的書櫃

小熙才 2 歲，已有大大小小中英文圖書近 200 本，因為婆婆和媽媽都希望小熙自小養成愛書和愛看書的嗜好，能夠把書看成朋友，親近之、珍視之。

婆婆甚至把書當成是傳家之寶，小熙媽媽看完的，傳給表弟妹，一個傳一個，不可把書丟棄，最後回到婆婆處收藏，一直到小熙出生，又傳給小熙。

婆婆為小熙說故事，許多時會驚訝地說：「呀，這是小熙媽媽以前看過的書！」雖然有點舊，甚至有點破，卻勾起無限的甜蜜回憶。

最重要的，是打造到處都是書的生活環境，方便孩子拿取、把玩和閱讀，在廳中、在茶几上、在沙發上、在孩子牀上、在爸媽牀邊……讓書籍隨手可得。

4. 說故事的其他方式

- 用布偶說故事
- 改編故事做廣播劇
- 角色扮演
- 合家歡劇場

七、自行閱讀的前奏：從圖畫到文字的過渡

孩子學語言，先學發音，即聲音語；再學文字，即書面語。

3至6歲，是孩子語言學習的敏感期，孩子總是渴望學習，大腦吸收力極強，而且不知疲倦，祖父母要根據孩子興趣的變化，隨時給予幫助，給他適當的環境去發掘、去學習，不能強硬說教，教認字、寫字亦然。

1. 教孩子認字

只要孩子懂得約 2,500 字，他便能看金庸小說了！學認字，要從生活情境中學習，越早開始，孩子越學得好，也越有興趣閱讀；有興趣閱讀，就能用字；能用字，就能寫作。學中文，更要儘早開始。

教認字：字卡遊戲

(1) 預備一些寫上人物名稱的字卡，讓孩子送到那人手中，然後貼在身上，增加趣味性，如爸爸、媽媽、爺爺、嫲嫲、公公、婆婆、姐姐等；

(2) 預備一些寫上傢具名稱的字卡，讓孩子抽出，貼到那件傢具上；

(3) 預備兩套獨立寫着玩具名稱的字卡，然後在桌上放着玩具，各種玩具都附着寫上名稱的卡片，讓孩子抽出一張字卡，然後到玩具堆中找出另一張相同的字卡，找到了，他便可以拿走玩具；或改變玩法，不在玩具上附上卡片，讓孩子抽出字卡後，自行找出相應的玩具，找到了，便可以拿走玩具；

(4) 在孩子認得相當數量的詞彙後，可改為在卡紙上寫上日常生活有關的短句，如「吃飯了」、「吃飯前，先洗

小熙看餐牌。

手」、「該睡覺了，先把玩具收拾好」等，讓孩子認讀；

(5) 玩漢字積木、拼圖、接龍遊戲；

(6) 玩英文字母拼圖或迷宮遊戲；

(7) 利用社區資源教認字，如路牌文字、門牌、車牌、商店招牌和標誌等，均能激發孩子學習文字的興趣，要不厭其詳地引領孩子辨認和解答孩子的問題。

2. 從認字到寫字

寫字前：先鍛煉手指肌肉

- 可以在孩子滿 1 歲之後，給他蠟筆，塗塗畫畫，不要急於立即教他寫字；
- 多玩樂高遊戲（Lego）、漢字積木，在疊疊砌砌中加強手指和手掌力度；
- 多玩泥膠，鍛煉手指手掌小肌肉，訓練小手指的靈活性；
- 玩旋轉、鞦韆、拋擲遊戲，有助保持身體平衡協調穩定，視覺追蹤能力和手眼協調能力；
- 多做手工，用剪刀也是寫字前的準備；
- 用手指在空中寫字；
- 用英文字型凹板，教孩子練筆畫。

3. 寫字爆發期

- 開始時，孩子只是畫線條，先是豎，然後是橫畫；很快，孩子會畫圓圈及點點；
- 真正教執筆寫字，一般要在 4 歲之後；

- 注意坐姿，勿讓孩子趴在桌上寫字，身體和桌子要保持 2 吋距離；眼睛和紙張要有 1 呎距離；
- 教導孩子執筆的正確手勢；

執筆的正確手勢

❶ 用拇指和食指的第一指節前端執筆，用中指的第一指節側上部托住筆；

❷ 大拇指、食指和中指自然彎曲地執筆，無名指和小指則自然地彎曲靠在中指下方；

❸ 筆桿的上端斜斜地靠在食指的最高關節處，筆桿和紙面約成 50 度角；

❹ 執筆的指尖離筆尖約 3 厘米左右；

❺ 手腕伸直，不能扭向內側。

❻ 總括而言，執筆要做到「指實掌虛」，即是：手指執筆要實，掌心要中空，小指不能碰到手心。

- 注意筆順，可參考有提供筆順寫法的小學生字典；
- 到孩子讀小學時，讓他學書法，既寫得一手漂亮字體，同時陶冶性情；在這大多數人字體醜陋的世代，書法藝術，能增加榮耀感。

八、從寫字到寫作

- 鼓勵孩子寫作，寫親子或祖孫日記，孩子肯寫多久便多久；

- 寫信或發 WhatsApp 給孩子；
- 要求孩子寫便條留言、寫信申請增加零用錢或買禮物；
- 鼓勵孩子續寫故事、改寫故事結局、撮寫故事、把故事改編成廣播劇或話劇；
- 協助孩子製作自己的故事繪本、劇本；
- 教導孩子做閱讀筆記，寫出自己的感受和看法；
- 鼓勵孩子參加各類語文比賽，考驗實力。

故事聽得多、看得多、講得多、演得多，孩子一定能夠口若懸河，寫作能力亦佳。

記得常帶孩子去圖書館，因這是正規教育之外，孩子終身學習的良師益友，能提供全方位的閱讀和學習。

每個學科的學習，都奠基於語文能力上；只有打好中英語文基礎，才能讓孩子掌握好將來學習的利器，才能在學業上無所障礙，是送給孩子寶貴的禮物。

使孩子愛上閱讀，主動閱讀，大量閱讀，還須擔心孩子的語文能力嗎？

祖父母的疑惑

什麼時候開始讓孩子學外語？

理論上是讓孩子先學好母語，有助孩子學好語言及發展邏輯思維，掌握好一種語言，再學第二語言。至於應何時開始讓孩子學英語，如果祖父母英語水平高，孩子又肯聽、接受，其實可以隨時開始。

小熙在嬰孩時期，他最初接觸到的英文句子是「No! No! Dirty!」「No! No! Danger!」加上表情和手勢，嬰兒小熙已能明白這簡單直接的指令；到他 1 歲左右，我們便有意地在說一些物件時增加他的英文詞彙如「Banana 香蕉」、「Papaya 木瓜」、「Grapes 葡萄」等，他也接受無礙，每次問他要吃什麼水果，他會拿取他想吃的，並無誤地說出中英文名稱。

媽媽為小熙說英文故事書，會先用廣東話講一遍，再用英語讀一遍，他也不抗拒，他印象最深的是 *The Big Bear Lost His Tooth*，聽過這故事後，從此便乖乖地讓家傭姐姐給他刷牙；他在聽了一遍 *Hide and Seek* 的故事後，立刻愛上捉迷藏的遊戲；媽媽安排他上英語遊戲班，他也能明白外籍老師的說話，能夠跟着他的指示去做；婆婆負責帶他，也乘機同步重溫英語遊戲及拼音；在小熙 20 個月大的時候，他的廣東話理解和表達已經掌握得很好，媽媽特別邀請嫲嫲每周一次來和小熙玩，讀英文故事，嫲嫲先用英語說一次，再用廣東話說一次，最後再用英語朗讀一遍，為小熙練好接受英文的耳朵，他日，即使小熙上幼稚園，嫲嫲和媽媽都會持續為他唸英文故事書。

一些專家建議 3 歲開始學外語，但如果家有外傭，說的是菲律賓式英語或印尼式英語的話，讓她們為孩子說英文故事，便有學壞發音的隱憂，隨孩子年紀越長，糾正越困難；要外傭教孩子功課，更是匪夷所思。

小熙 2 歲了，媽媽聘請了一位普通話老師上門來和小熙玩，小熙立即能跟着老師的指令玩耍，並且掌握了標準發音，老師善用身體語言，根本不用翻譯為廣東話。

學齡前的孩子聽覺靈敏，舌頭靈活，學習要捲舌的第二、第三語言，絕無困難，祖父母如果懂英文或普通話，但又自覺能力不太好的話，遇着不清楚怎樣讀的字，請先查字典，確認發音，再自己先逐字唸過，然後大聲唸幾遍，不要忽略尾音 t、d、k、m、s 及氣音 h、y 就是了，持之以恆，做到老，學到老，你會驚訝自己的進步，也給孩子學習的模樣。如果不懂英文和普通話，不要緊，請善用故事光碟（CD）、中英對照故事書；孩子稍長，讓他聽英文節目，讓孩子先練好一對英文和普通話耳朵，能減少他將來學習外語的困難。

第七章

啟迪孩子數理的興趣

數理智慧是人類智慧重要的一環，計算力和觀察力，是人類生活中不可或缺的能力。

第七章 啟迪孩子數理的興趣

數理智慧是人類智慧重要的一環，指有效地運用數字計算和推理、對自然事物觀察的能力，計算力和觀察力是人類生活中不可或缺的能力，提升孩子的數理智慧，對他日後的學習和工作都很有幫助。中國人，數理天生能力其實不弱。

可惜的是，我們天天在孩子面前説話，也經常寫字，卻不會天天在運算數學和説科學，孩子沒法在自發模仿中學習數理；此外，我們天天為孩子講故事，也不會特別講數學科學故事，是嗎？

學數理，就像學語言一樣，如果給孩子充分的學習環境，孩子也一定可以自然而然地學會數學和科學，關鍵是設置有利於孩子愛上數理的學習環境。注意不要揠苗助長。

美國約翰霍普金斯大學醫學院研究發現：我們大腦中的頂下葉（Inferior parietal lobe）負責處理運算、視覺三維空間、時間和速度感知，男孩的這個部位一般比女孩大，表示會對運算和科學較容易產生興趣。

一、引領孩子愛上數學

計算力，是孩子邏輯推理能力的基礎，祖父母不可忽視孩子數學能力的培養，要注意自小培養孩子「數感」，透過觸摸實物和歌謠去感受，掌握數學概念；讓孩子在生活細節中學習，在遊戲中學習，從而愛上數學。

1. 0 - 1 歲數學智慧啟蒙

數數遊戲

- 用 3 個玩具，在孩子面前數數：1 個、2 個、3 個；
- 數數自己有多少隻眼睛、耳朵，多少個鼻子、嘴巴；
- 穿衣服、褲子、鞋子時數數有多少隻手、多少隻手指、多少條腿、多少隻腳趾。

《數字童謠》

鉛筆 1、鴨仔 2、

耳仔 3、交通 4、

秤鈎 5、煙斗 6、

士的 7、葫蘆 8、

魚網 9、鉛筆雞蛋 10。

2. 2 - 3 歲的數學智慧開發

2 至 3 歲是前運算思維階段，必須配合實物、模型及圖片等，幫孩子逐步建立形狀、大小、顏色、數字等概念。

數數遊戲

- 用 1 至 10 個玩具，在孩子面前逐個數數：1 個、2 個、3 個……
- 給孩子食物時，對孩子豎起食指，說：「這是 1 塊」，讓孩子模仿動作並説出來；接着豎起食指和中指，說：「這是 2 塊」，如此類推；

- 在乘升降機時，教孩子認識升降機熒幕顯示的數字。

一起來唱數字歌

1、2、3，

3、2、1，

1、2、3、4、5、6、7，

2、3、4，

4、3、2，

4、5、6、7、8、9、10。

一起來唱數字童謠

1 隻青蛙 4 條腿，撲通一聲跌落水；

2 隻青蛙 8 條腿，撲通一聲跌落水；

3 隻青蛙 12 條腿，撲通一聲跌落水；

4 隻青蛙 16 條腿，撲通一聲跌落水……

分類遊戲

學會分類，是提高孩子數學智慧的重要方法：

- **分種類**：預備幾個膠箱，讓孩子每次玩完玩具後，分類放回原處；
- **分大小**：利用皮球、汽車等教孩子分大小；

- **分可吃不可吃**：將香蕉、葡萄、積木、皮球等物品各一個，放在桌上，另預備一隻碟子。

→ 拿起香蕉，問孩子道：「這個可以吃嗎？」

→ 孩子答對了，請他放在碟子中；

→ 然後再問孩子：「還有哪個可以吃的呢？」

→ 玩完後，和孩子一起吃水果。

葡萄家族

小熙愛吃葡萄，每次婆婆將葡萄外皮去掉後，便由小熙用小手將葡萄核取出來，每取一粒，婆婆便說：「第 1 粒，葡萄核爸爸。」「第 2 粒，葡萄核媽媽。」「第 3 粒，葡萄核寶寶。」「第 4 粒，葡萄核公公。」「第 5 粒，葡萄核婆婆。」如此類推。

小熙每次都玩得很高興，漸漸學會了數字和數數，也認識了家族成員的稱謂。

比較遊戲

- **比較長短**：預備數塊長短不同的樂高積木或數根木條，放在桌上。

→ 隨便取兩塊出來，請孩子指出哪塊長、哪塊短；

→ 當孩子說對了，立即稱讚鼓勵；

→ 繼續再添加積木或木條，依次比較。

- **比較大小**：預備數塊大小不同的樂高積木。
  → 隨便取兩塊出來，請孩子指出哪塊大、哪塊小。
- **比較多少**：預備數塊不同的樂高積木。
  → 隨便分成兩堆，請孩子指出哪堆多、哪堆少。
- **比較輕重**：預備兩個玩具，放在孩子手中，讓他感受重量，告訴他哪個輕、哪個重。

排序遊戲

- 預備數根長短不同的木條，放在桌上。
  → 請孩子指出哪根最長，當孩子説對了，立即稱讚鼓勵；
  → 拿走那根最長的木條，放在一旁；
  → 指導孩子繼續指出餘下的哪根最長；
  → 繼續將那根最長的木條，放在一旁；
  → 依照前面步驟，讓孩子尋找「最長」，直至排列完畢。
- 預備 3 隻大小不同的玩具鴨子，按大至小或小至大前後排列，教孩子前後概念。

3. 3 - 6 歲的數學智慧提升

認識數字遊戲

- 和孩子玩數目字骰仔：每擲出一個數字，即大聲説出。
- 準備一些數字卡，教孩子辨認數目字。
- 在碟子上寫上數目字，並在另一隻碟子上放上一款玩具，可以是積木、小動物玩偶、珠子、棋子、豆子、波子、乒乓球等，什麼都可以，請孩子根據碟子上的數目字，從玩具碟子中撿出相應數量的玩具，放到數目字碟子中，從 1、2、3 開始，逐步加上去。

數數遊戲

- 在點心時間時，預備一盤 10 至 30 粒的葡萄；讓孩子坐好，自己坐在孩子右手邊。

 → 和孩子輪流取盤子中的葡萄，每人每次一粒，放到自己面前的碟子上，邊取邊說：「你一粒，我一粒。」

 → 全部取完後，再在各自的前面放上另一隻碟子，對孩子說：「來，數數我們有多少葡萄。」並示範一邊數數，一邊將葡萄放進空碟子上，注意發聲與手部動作要同步。

數字記憶遊戲

- 將 0 至 9 的數目字分別寫在小卡紙上，一式兩份；一套反轉疊放在桌子上；另一套數字向上放在另一桌子上；

 → 讓孩子在反轉疊放的數字卡中，抽出其中一張，記住數字，交出卡紙；

 → 然後走到另一桌子上，配對相同數目字的卡紙。

4. 小學階段數學智慧的加強

- 從遊戲中學習，如玩大富豪、偵探棋、扭計骰等；
- 在生活上學算術，多帶孩子上超級市場及街市，學習購物計算；引導孩子做零用錢預算表，計劃如何使用零用錢；
- 到銀行開儲蓄戶口，處理利市錢和零用錢，最好是有存摺的那

種戶口，既學到儲蓄，也可溝通祖孫理財觀，灌輸儲財、理財觀念；

- 要數學科成績好，理解文字、逆轉思維、邏輯推理水平也要高，下棋是很好的訓練；
- 背熟乘數表，此點無可避免；
- 加強對數學語言的理解，可避免錯誤計算；
- 可以利用網上資源，玩數學遊戲；也可在網上下載數學工作紙來練習，熟能生巧；
- 數學技巧需要操練，多做練習題，才能應付考試；建議每周設定固定時間，如每星期六早上重做教科書中的數學練習題，每節長度參考學年考試時間，如初小學生是 30 至 45 分鐘，高小學生是 1 小時等。

超級市場是孩子學習算術的好地方。

二、引領孩子愛上科學

每個孩子都愛幻想，滿腦子創意，天生具有強烈的好奇心和幻想力，尤其是在幼兒階段，愛每事問，「為什麼」三個字老掛在嘴邊，祖父母要把握時機，順勢引導，扶掖孩子創造性思維的萌芽與成長。

- 引導孩子觀察自然現象，關注自然界各種生命形式，和孩子動手做小實驗等，激發孩子對科學的興趣；
- 和孩子一起觀看科學知識電視節目，有疑問則一起上網或去圖書館找資料；
- 啟發孩子研究科學，鼓勵他做實驗，多鼓勵，少干預，當孩子對科學產生興趣時，他自然會主動地觀察、探究發問和動手去做，要維護這小小的科學興趣嫩芽，使之茁壯成長；
- 送他科普類圖書，引起他對科學的興趣；

小熙也看有關太空的書。

- 善用資訊科技，向孩子展現科學知識，但須防止他轉向沉迷電子遊戲；研究證實，幼童沉迷玩遊戲應用程式（Apps），語言發展會較緩慢。

電子產品是科學發明，是神也是鬼，一部智能電話或電腦，可以幫助孩子學習，有助親子溝通；也可以使他分心，一心多用，騷擾學習，荒廢學業，要教導他用得其所，祖父母也須努力學習新科技，學懂用 WhatsApp、Facebook、WeChat、電郵……三代溝通，同時示範電子產品的有效用法。

小熙愛手機

不用特別教，不用特別鼓勵，幾個月大的小熙已愛搶手機，懂得按、撥動手機和平板電腦熒幕，為畫面上的影像緊張興奮。有一次，公公用平板電腦播放兒歌《小星星》，8個月大的小熙看得睜大眼、圓了嘴、雙手抓緊一本小書，手心全是汗，噢，太吸引了！終於，公公婆婆決定，還是不要太早給他過度的刺激，而且手機和平板電腦熒幕的藍光也太刺激眼球了，還是待他長大一些吧……

1. 玩科學遊戲

- 玩砌模型、嵌交通工具；
- 和孩子一同拆開一些沒用的日常家庭用品，如舊電話、風扇、收音機等，了解其結構，引發孩子探究精神；

小熙和公公婆婆一起砌單車。

- 將家中舊物料拆開，發揮創意，循環再造，如舊膠盒、鞋盒、舊衣物等；
- 可在坊間買一些科學小實驗的書籍和道具，和孩子一起做小實驗，帶領孩子走上觀察入微、激發思考的科學之路。

2. 做科學小實驗

- 祖父母可購買科學小實驗的書籍送給孫兒，嘗試和他一起做實驗；
- 和孩子一起種植，探究植物生長；
- 做每個科學小實驗時，要向孩子解釋其中原因；遇有不明白的地方，可以去查百科全書，圖文並茂，祖孫同看，增加趣味。

大發明家富蘭克林

美國著名科學家、政治家富蘭克林（Benjamin Franklin），小時候曾看見路上一棵百年老樹被雷電劈倒，人人都說是「雷公」幹的，富蘭克林回家後，對嫲嫲說：「我可以把雷公抓來為你劈柴。」

之後，他果然進行實驗，要「抓雷公」，甚至冒險在暴風雨來臨前放風箏，並在風箏上端裝上鐵絲，結果證實行雷時會有放電現象，因而發明了避雷針。

三、引領孩子走向大自然

小熙愛大草地。

自然觀察智能是美國著名心理發展學家加納（Howard Gardner）提出的八大多元智能之一，卻是孩子教育時最被忽略的一環。把孩子帶離電視、電腦，帶領孩子投入大自然，讓孩子盡情去觀察、去聆聽、去觸摸，鼓勵他去探索、去發現大自然的奧秘；讓孩子在大自然累積豐富的自然常識，讓大自然洗滌孩子的心靈，培養他高尚的情操，使他了解生命的生生不息，懂得重視生命、珍惜生命。狹窄的視野和腦袋不會培養到偉大的下一代。

1. 大自然中到處都是有趣的事物

- 許多祖父母都是行山專家，帶孩子去公園、去行山吧，自己也可以順道舒展筋骨；
- 郊遊時可帶同放大鏡、小袋子作蒐集、觀察之用；
- 為提高吸引力，也可以安排到戶外野餐、繪畫、放風箏等活動；
- 到海灘去撿石子、堆沙堡壘、踏浪花，也是孩子的至愛。

用樹枝探測公園地墊。

公公，這是什麼植物？

2. 和大自然玩遊戲

- **和孩子一起捕捉彩虹**：和孩子在陽光下玩吹泡泡，可看到七種顏色；又或者把裝滿水的玻璃缸放在太陽下，讓孩子看到七種顏色 ⟶ 向孩子解釋彩虹的原理。

- **和孩子一起感受冰冷**：除了親身去雪地看雪看冰，也可從冰箱取出冰塊 ⟶ 讓孩子摸摸冰塊，感受那種冷度 ⟶ 和孩子一起觀察冰塊，讓孩子看到冰塊慢慢變成液體 ⟶ 向孩子解釋其中原因。

小熙大發現——彩虹！

小熙的小手電筒

小熙1歲半，公公婆婆送了他一個鎖匙扣式的小手電筒，讓他拿在手裏，用大拇指一按，便有光照射出來。婆婆把房中的燈熄滅，拖着他的小手，讓他四處照射，讓他感覺光暗，明白小手電筒能帶來亮光。小熙覺得很有趣，不停試驗一按一鬆、一光一暗，玩了一會，便懂得發揮創意，特意照射婆婆，更去找各個小角落，把亮光送去。最後，婆婆並沒有讓小熙將小手電筒帶回家，因為婆婆要讓小手電筒成為婆婆的特別玩具，讓小熙每次來玩，都覺得有新意。

鼓勵孩子去探索、去發現，去挑戰權威，凡事存疑，自己設問，尋找證據和答案；容許孩子犯錯，每個偉大的科學家都是在錯誤中糾正和發明。

祖父母的疑惑

孩子沉迷打機，怎麼辦？

我曾出席一個飯局，參加者全是高級知識分子，他們帶來了孩子，有就讀小學的，也有就讀初中的，被安排坐在一起，一席 8 個男孩加上家長，一席 7 個女孩，也是有家長同席，家長自顧談笑甚歡。男孩對吃沒興趣，兩三道菜下來，已分成大小兩堆，圍攏在一起玩手機遊戲；女孩也不遑多讓，惟一不同的是各自在玩自己的手機，同席的家長也沒有阻止。一直到飯局完畢，11 時了，大人們談話未散，小孩玩機也沒完沒了。

玩手機並不是什麼十惡不赦的事，尤其是星期五晚，外出吃飯，孩子們碰頭，玩玩無妨，家長是這樣想的。

只是，低頭「玩機」，並不是一個集體活動，一個在玩，其他人只有旁觀的份兒，這樣的個別行動，並不需要在集體見面的場合中進行，這只會妨礙他們與人溝通，建立交際能力。而且朋友相聚，他竟然低頭，漠視他人的存在，實在是不禮貌的行為，所以應該不予准許，要教導孩子在適當時候做適當的事。

第一代電子遊戲多設置在遊戲中心裏，孩子要年滿 16 歲才可以花錢進入，父母較易管制；第二代電子遊戲開始進入家庭，但價格高昂，非每個家庭都擁有；隨着科技大躍進，最新的電子遊戲已經發展至和智能手機及互聯網結合，並且越發有趣和多元化，孩子容易接觸，深受吸引，甚至受到控制，影響作息和學業，使孩子健康亦大受影響。

如果長輩強加限制，或用監察軟件，或暗查孩子上網紀錄，對年紀小的孩子還勉強可以，但對少年則易引起反感，祖孫或親子之間互失信任，甚至關係疏離，實在頭痛。

要避免沉迷玩電玩和上網，並不是一件容易的事，解決辦法是儘早建立孩子的正確價值觀，培養遠大志氣和崇高品味，他自然會傾向學問的追求，將時間善用於學習和有意義的事情上，為實現理想而努力。在孩子小時候，要避免為他選擇多以上網形式遊戲或學習的幼稚園，上網學習，根本不用這麼早開始；此外，大人更要以身作則，嚴選休閒方式和娛樂節目，教導孩子和人相處的禮貌，樂意和人溝通，利用機會了解別人，打造將來成功的階梯。

愛玩和易受影響是孩子天性，電子遊戲又有趣又有挑戰性，同學朋友們人人玩得不亦樂乎，孩子難免隨眾，預防之法是和孩子協商，如一天可以玩多久，以保護眼睛；做完功課、運動完、睡好覺才玩，保障學業成績和身體健康等。不用完全禁止小學生打機，因為將來升學都和上網及打機有關，大至醫生進行的微創手術、航空科技、太空科技等；小至餐廳落單、電召的士等。

如果孩子機不離手，影響學業成績和身體健康，應對之法是先要了解清楚原因，孩子是否用 WhatsApp 討論功課？上網是否學校有相關的學習要求？抑或是否交友出現問題？試圖旁敲側擊，打探清楚，先不要將問題聚焦在使用手機或電腦之上，引發衝突，祖父母更不要附和孩子父母的責難，保持做孫兒的退路角色。

相信孩子有好意願，願意改變；教他結交做事有志向有理智的朋友；教他愛護自己，不要做電子產品的奴隸，毀了自己也毀了家；最重要的是，和孩子聊天，陪伴他走成長路。

第八章

用藝術提升孩子的素質

孩子成長需要藝術熏陶，美好的藝術是孩子精神上的優質食糧，能喚起孩子真善美的本性。

第八章 用藝術提升孩子的素質

孩子在成長中，需要藝術的熏陶，不論是音樂或美術，只要是美好的，都是孩子精神上的優質食糧，能喚起孩子真善美的本性，祖父母不能只注重孫兒的學業成績，忽略藝術領略的重要性。

例如到郊外行山和到海邊，看萬物的生生息息，人類是自然界的一部分，親近自然是人類的本能和需要。大自然能洗滌孩子的心靈，培養他高尚的情操。

例如音樂，以動聽的旋律、生動的節奏，引起孩子內心的共鳴，有助抒發情緒和激發想像，對孩子智力的全面發展、品德情操的提升和完美人格的塑造，有着重要的促進作用。

例如繪畫，以其藝術形象，刺激孩子腦幹細胞的發育，鍛煉動手創造的能力，激發孩子的想像力、創意思維，讓孩子心靈手巧，更加聰明，滿腦創意。

例如戲劇，以其表情及身體動作，形象化地表達情節和人物情感，刺激孩子想像力，感同身受，喚發同理心，豐富情感，有助培養創意。

一、大自然是最偉大的藝術導師

大自然展露無窮無盡的美態，大自然發揮人類想像不到的力量，大自然蘊藏着人類永遠發掘不完的知識，大自然有祂的規律，卻又變化無窮，我敢說，世上沒有比大自然更好的老師了！

- 每天帶孩子去公園吧，橫豎祖父母都需要散步，帶孩子去公園可說是最好的運動，而舒泰安心也是一種教育，別忘記帶一副放大鏡讓孩子觀察事物；

- 帶孩子行山吧，記得帶備望遠鏡、指南針和相機，加強訓練孩子的觀察力；

一花一葉都是美。

- 孩子稍長，可以一家去宿營甚至露營，鼓勵孩子參加制服團體如童軍等，舉辦宿營和露營活動是那些團體的強項；學習野外求生技能是孩子喜愛的，你還可以贊助孩子購置所需用品，表示你的支持；

泥沙石頭都好玩。

- 鼓勵孩子蒐集如植物枝葉、種子、石頭、貝殼、死去的昆蟲等，回家再翻查百科全書等找尋相關資料，增加知識；
- 和孩子一起種植，讓他觀察生命的成長；
- 帶孩子去海灘，在玩水、玩沙、撿石子中，認識海洋的奧秘；
- 帶孩子參觀農場，祖孫一起進行採摘水果、除草、播種等勞動；

- 帶孩子參觀水族館、海洋公園、動物園，進行實地觀察；孩子天生喜愛動物，讓他看得越多，他越高興；
- 和孩子一起旅遊，放眼世界美景，擴闊眼界心胸；
- 回答孩子的一切問題，如果不懂，和孩子一起去尋找答案，如翻查百科全書或上網，要打鐵趁熱，以激發學習興趣。

音樂和美術，便是想像力的雙翼。

二、用音樂作孩子靈性的啟蒙

孔子說：「興於詩，立於禮，成於樂。」

又說：「移風易俗，莫善於樂。」

音樂是表現人的內心世界、揭示人的感情的藝術，有着強烈的感染力。孩子學習，特別喜歡音樂和韻律，可見音樂的重要。

不同特點的音樂，如力度、節奏、音色、音量、旋律等，使人感覺器官直至大腦，和神經系統產生不同的反射作用。音樂對人的生理、心理有着密切關係。

1. 音樂如何促進孩子全面的發展？

愛恩斯坦 6 歲時學小提琴，他說：「想像力比知識重要得多，因為知識是有限的，想像力卻可以遨遊世界。」

幼兒天生喜愛音樂，常常隨音樂手舞足蹈；孩子成長需要音樂，離不開音樂，音樂能促進孩子的全面發展，好處數不盡：

(1) **音樂有助健康**：培養節奏感，引起體態律動，和人的脈搏跳動產生共鳴共振，建立身心和諧，促進血液循環，有益健康，其實我們的身體動作就是音樂；
(2) **音樂有助塑造完美性格**：優美樂章能使人大腦皮層鬆弛，引起愉快、舒適、歡樂的感覺，有益於人體內的調節，心理平衡，完美性情；練習音樂，有助培養耐性、專注、堅韌不拔的精神；
(3) **音樂影響道德**：音樂能動情，高尚優美的歌詞能發揮德育的作用，振奮人心，鍛煉意志，提高文化修養；
(4) **音樂能潛移默化**：音樂給人鼓舞的力量，凡愛古典音樂的家庭，成員大都彬彬有禮的；幼年學習音樂，是專業音樂家必走之路；
(5) **音樂有助聰明**：音樂能使右腦功能得到發展，提高思維效率和想像力，當孩子左腦在學習邏輯思維時，如果適當地伴以輕音樂，能刺激右腦與左腦合作，使孩子感到輕鬆，思路開闊，靈感迸發；
(6) **音樂有助加強和恢復記憶**：一個孩子如果會唱很多歌，他將會成為閱讀和記憶能手，將音樂和閱讀結合，比只用語言手段去讓孩子記憶有效，對有讀寫障礙的兒童尤其有幫助；音樂甚至有喚起沉睡記憶的能力，對喚醒腦部受損、動脈硬化或腦血管栓塞病患的記憶有幫助；
(7) **音樂有助恢復疲勞**：在下午 3 時，人體最疲累時，宜聽聽音樂，促使腎上腺素上升，興奮大腦，解除疲勞。

靡靡之音使人精神萎靡；而瘋狂刺激、高於80分貝的噪音，使人耳鳴、頭痛、失眠、血壓上升、胃不適、記憶力衰退等；常處於音量過大的電視機、音響的嘈雜環境中的孩子，學習能力、專注力、好奇心會較弱；男孩自制力較女孩弱，更易受流行文化影響，故遭受的危害更大。

古希臘哲學家和教育學家柏拉圖說：「節奏與樂調有最強烈的力量浸入心靈的最深處……使它因而美化……受過這種良好音樂教育的人，可以很敏捷地看出一切藝術作品和自然事物的醜陋，很正確地加以厭惡；但是一看到美的東西，便很快樂地吸收到心靈裏，作為滋養。因此，性格也變成高尚優美。」

2. 如何培養孩子音樂興趣和品味？

每個孩子都有個性，有獨特的「樂感」，對音樂的感受能力和表現能力都不同，培養孩子音樂興趣和品味的最有效方法，就是讓音樂進入家庭，融合遊戲當中。

- 媽媽在懷孕期可有選擇性地欣賞古典樂曲，進行胎教，每次約20至30分鐘；
- 嬰兒一般都喜歡音樂，喜歡別人唱歌給他聽，可為孩子播放輕柔的音樂，如搖籃曲等；
- 在孩子做其他事和玩耍時，都配合播放適當的音樂；
- **1歲左右**，可多播放節奏輕鬆、情緒快樂的樂曲、兒歌，為孩子購置音樂玩具，玩耍時配上音樂播放，培養音樂感；

- **2 歲左右**，學唱兒歌，伴以律動；讓孩子在唱歌或朗誦中靈活地拍手、跺腳，邊唱邊玩；祖父母要用心學習兒歌，和孩子一起唱，增加歡樂感；
- **3 歲左右**，參加律動班；聽音樂童話；讓孩子用即興的敲擊方式創作音樂，訓練節奏感；
- **4 歲左右**，孩子能隨音樂節奏跳舞；讓孩子嘗試認識和接觸不同樂器；

孩子愛聽歌也愛唱歌。

- **5 至 6 歲**，若孩子對音樂的愛好變得有意識，可引導孩子掌握一些基本的樂理知識；讓孩子反復聽動人的樂曲；和孩子一起欣賞音樂；
- **6 歲左右**，可以開始學樂器，能接受視唱練耳的訓練；要有耐性反復練習；可舉辦家庭音樂會，讓孩子有在親人面前演奏的機會；
- 想培養好樂感，學習好音樂，還須擴大孩子視野，如帶孩子走進大自然，去感受那變化萬千的形態與色彩、聆聽那豐富的聲響；鼓勵孩子作對比，並用語言表達出來；
- 祖父母不妨考慮和孩子一起學樂器，提高興趣，並感受到進步的喜悅。

日本鈴木教學法

日本著名音樂家鈴木鎮一鼓勵家長在幼兒 2 歲，未開始學習拉小提琴之前，先帶孩子來他的小提琴教室觀摩。容許孩子這裏瞧瞧，那裏看看，這兒摸摸，那兒碰碰，漸漸地孩子會靜靜地坐下來，看其他孩子演奏；幾個月下來，便能夠把曲子記下來，然後興趣來了，便會想自己拉一拉！

此外，孩子初學樂器時，家中最好有一位親人能夠一起上課，學會演奏一些簡單的樂曲，和孩子一起練習，加以指導或互相切磋，並能夠和孩子一起演奏，這不但擔任了教師的助手，還做了孩子表演的合奏者，將大大提升孩子學樂器的興趣。

三、用繪畫作孩子心智飛翔的翅膀

塗鴉是孩子的天性，在動手動腦的信筆塗鴉中，孩子的想像力得到最大的發揮。

1. 為什麼兒童成長需要繪畫？

(1) **繪畫是孩子的需要**：繪畫是孩子對現實生活的直接反映，孩子能通過塗鴉表達和抒發感情；

(2) **繪畫能健腦益智**：繪畫屬藝術範疇，跟音樂一樣，能刺激右腦功能發展，開發想像力，提高思維效率，是健腦益智的重要手段；

(3) **繪畫有助發展創造性思維**：孩子憑着感知和直覺去接觸和體驗四周事物，然後便能創造性地繪畫出來，並根據圖畫內容編造故事；

(4) **繪畫有助培養觀察力**：通過學習繪畫，孩子養成觀察敏鋭和手部靈活的能力；

(5) **繪畫有助發現美**：繪畫是美的觀察與體驗，孩子容易在萬事萬物中發現美，讓孩子過一個充滿美的人生；

(6) **繪畫能提高審美能力**：孩子追求美，自然能厭惡醜陋、荼毒人心的東西；

(7) **繪畫能使孩子俊美**：所謂有諸內而形於外，孩子喜愛美的藝術，陶冶所及，舉止優雅、五官端正；

(8) **手是思維的鏡子**：所謂心靈手巧，手的靈敏，能鍛煉大腦，促進智力發展，手的靈敏度，是孩子智力發展的重要指標；而學會使用剪刀，更是鞏固手眼協調的重要環節，祖父母切勿因要保護孫兒而禁止他使用剪刀做手工。

2. 如何培養孩子對繪畫的興趣？

為孩子營造一個良好的繪畫環境：

- 在家中牆上、櫃面掛上名畫製品、相片，吸引孩子眼球；貼上孩子畫作，可提升孩子對藝術的興趣；嬰孩喜歡線條簡單的圖畫；至於小學階段兒童則多喜愛連環圖，因為它充滿幻想性、娛樂性、刺激性；
- 帶孩子到大自然中徜徉，大自然千姿百態，色彩紛陳，美不勝收，是最好的藝術家、最偉大的導師，帶領孩子去發現美；

- 擴闊孩子的視野，讓孩子投入生活，親自發掘有趣的人與事；引導孩子去觀察周圍的人和物，去發現美好的東西，作為美學的儲材，有利激發創作的熱情；
- 教導孩子觀察事物的方法，如形狀、顏色、特徵、結構等，啟發孩子思維；
- 和孩子一起看畫，去畫展，教孩子看畫，增強感性和美育的認識；
- 給孩子講故事，尤其是程度合適的童話和神話，用生動活潑、具體形象的語言描繪場景、描述人物、敍述情節，並引導孩子看插畫，能增強孩子的感知，引發他對繪畫的興趣；
- 鼓勵孩子把想到的、讀過的畫出來，每個孩子的性情、理解力、心智發展都不同，不要用劃一的標準諸多批評，重點是童真童趣和激發孩子作畫的熱情！
- 豎線、橫線和斜線是兒童畫的基礎，不用計較他畫得像不像；
- 供應合適的紙筆，鼓勵孩子執筆，幼童畫筆要較粗，顏色不用太多；孩子到 5 歲時，便有能力掌握多種顏料和工具；
- 注意孩子的姿勢，身要坐正，眼睛與畫紙距離最少 22 公分左右，紙要放正，握筆要正確；
- 請孩子述説有關自己畫作的介紹，要耐心聆聽，予以讚賞；如孩子年紀稍長，可在充分肯定的基礎上，技巧地指出他的不足之處，以提升技能，增強孩子自信心；
- 祖父母可以和孫兒一起畫畫，或合作共畫，孩子自然興趣大增。

有這樣的好環境，孩子自然能夠伸展翅膀，飛翔在絢麗多彩的童畫世界中，發揮想像力和創意，成長為創意滿盈的人。

黑色的太陽

一個大男孩還記得自己 5 歲，就讀幼稚園時，一天放學，帶回來了一幅「傑作」—— 一個黑色的太陽。他的媽媽一看，大為不屑說：「太陽怎會是黑色的呢？這麼醜陋，重畫！」並隨手將畫紙撕碎。當時，5 歲的孩子沒有哭，只是，從此他也再不喜愛畫畫了！

四、用戲劇激發孩子想像力和同理心

戲劇對於孩子的成長同樣重要，通過戲劇能激發孩子想像力和同理心，並能豐富孩子的情感，有助培養創意。

1. 為什麼要學點戲劇？

戲劇是由「故事」和「遊戲」兩種活動組成，兩者對孩子成長都十分重要，故事中有人物，孩子須運用想像力和模仿力，表達角色，由於投入不同角色，故能漸漸培養出同理心；為了演繹故事，角色須透過對話、面部表情和身體語言，表現人物的遭遇和內心感受，有助提升想像力和語言運用能力。

所謂「人生如戲」，孩子在學習及生活中總需要運用一些戲劇技巧，例如演講、辯論、游說、畢業禮表演，或者是工作時要用到的推銷手法，所以，學點戲劇，有益成長。

2. 如何使孩子愛上戲劇？

- 平日為孩子講故事時，不妨運用聲音技巧，表現角色，讓孩子模仿；
- 和孩子一起演繹故事，請他扮演其中一個角色；
- 一家人或和其他家庭一起將故事改為劇本，並且演出；
- 帶孩子觀賞兒童劇、音樂劇、話劇、粵劇等，讓他自小接觸不同劇種；
- 鼓勵孩子參加戲劇訓練班，加入兒童劇團，爭取演出機會。

對戲劇，孩子自然興趣大增！

祖父母的疑惑

孩子不愛藝術，怎麼辦？

對年幼的孩子來説，藝術如音樂、繪畫，都是玩意，不會不喜歡，只是隨着年紀漸長，取向漸顯不同罷了。例如孩子小時候，很喜歡音樂，也央求着要學彈琴和買鋼琴，但不多久，忽然又説不學了，怎麼辦？這個問題，不是個別例子，而是教育孩子時出現的普遍現象，我也曾遇上過。

可能受幼稚園老師彈琴的優雅氣質吸引吧，女兒未到 5 歲便開始央求學琴，6 歲開始跟隨名師學習，並要求家中購置鋼琴；這時我便跟她約法三章，要她答應學到 8 級水平，大家勾小手指承諾。到她讀中三時，已考到鋼琴 5 級，但因樂理沉悶，加上功課吃緊，活動又多，終於要求停止學琴，我説可以，但因為彈琴左右手並用，有益左右腦開發，能使人聰明，如果不學琴，她可以另選一種左右手一起彈奏的樂器，並且提醒她許下的承諾。她沒法子，只好繼續學下去，只是到後來她擔任學生會會長時不得已停學了一年，考大學時再停學，直至考完大學之後，才繼續學琴，終於拿到了 8 級證書。

這音樂修養，使她去外國升學時，不和同學泡酒吧，而是去看遍上演的歌劇；出來工作後，還不時自彈自唱。

女兒也學繪畫多年，兒童畫、鉛筆素描、中國畫都曾涉獵，連帶也愛逛博物館和一切美好的東西。結婚後，還和丈夫一起去學油畫，這都是自小的熏陶。

藝術的愛好，只要自小給予機會浸淫，尤須選擇重視藝術教育的學校，即使長大後會看無聊電視劇集或打機減壓，但藝術已在骨子裏，且表現在生活中。

第九章 為孫兒留下成長的印記

祖孫互動，意義非凡。

第九章　為孫兒留下成長的印記

歲月如樂章，旋律有高低起伏，情感有喜怒哀樂；歲月又如飛似箭，倏的飛過，轉眼流逝，祖父母照顧孫兒，不知不覺間，孫兒長大了，在與他一起、伴他成長的日子中，我們要重視為他留下成長的印記，讓他為自己的存在而自豪。

一、珍貴的照片和錄影片段

幸好現代人手機隨身，可以隨時為孫子拍下彌足珍貴的照片和錄影片段，他的一顰一笑，一個眼神，一串動作，一些調皮生鬼的舉止、一些引人發噱的兒語，都可以即時拍攝，留作欣賞，成為印記，為一家和親友帶來無盡歡樂和美好的回憶。

小熙的魅力

小熙的連串笑聲、古靈精怪，都是喜劇在上演。

他吃檸檬，卻變成檸檬不見了的魔術；他背誦童謠《氹氹轉》，變成繞着椅子「團團轉」的舞台劇；他跟媽媽和婆婆合唸的李白詩作《靜夜思》、王維詩作《鹿柴》等，又變成合家歡唱遊；這些錄影片段，隨着小熙的長大而顯得越加珍貴。小熙公公婆婆在疲累時、在旅途中、在每晚睡前，看它一看，繃緊的神經即時為之鬆弛，感到寬慰，感到歡愉。太嫲嫲生病住院，愁眉深鎖，錄影片中小熙天真的笑臉、幼稚的童聲、爽朗的笑聲、有趣的動作，有本事使太嫲嫲忘卻病情，展露笑容。

如果想玩點新花樣，建議在每隔半年或一年，如在孩子每年生日的日子，請專業攝影師到影樓或郊外為一家人拍特輯，結成畫集，留住親子、祖孫溫馨每一刻。

二、孫兒成長日記

為孫兒寫「成長日記」，是已退休祖父母每天可以抽空做的事，不必一定追求洋洋灑灑，詳略隨意，只要記下孩子成長的每一步便可；如果祖父母平日不習慣或自覺不擅長寫文字，為孫兒寫成長日記正好是一個學習機會、進步機會；如祖父母執筆忘字，不懂寫某個字，不要緊，就用圖畫代替，也顯出童真童趣；不想寫日記，可以寫周記、月記；不想寫文字，也可以用圖畫方式、照片加說明方式來做，方式不拘，總之做得高興就是，不要給自己壓力。

孩子的成長日記的意義，在於給孩子的快樂成長作記錄，給祖父母一個每日反思的機會，也可以作為孩子父母教養的參考。

小熙的「成長日記」

為孫兒小熙寫「成長日記」，是他出生之後，作為婆婆的我，每天要抽空做的事，孫兒每天有趣的事，哪天開始笑，哪天站起來，哪天邁開第一步，哪天開始自己吃飯，哪天說了第一個詞彙，哪天出口成句，哪天學到什麼，哪天去遊戲班表現怎樣，哪天和誰誰誰玩的情況怎樣，哪天幫助過人，他愛什麼、不喜歡什麼，和公公婆婆爺爺嫲嫲的相見歡，甚至是連他哪天搗蛋頑皮，哪天傷心過，哪天跌倒了，哪天開始用便盆屎屎，哪天又欺負人，哪天被拒絕，都趣味盎然，都值得滿心歡喜地記下來，我還在日記本子中貼滿了各式漂亮的貼紙。

小熙的成長印記，也是祖父母教養孫兒的心路歷程。

小熙兩歲了，成長日記亦已經寫到第六本了，是我作為婆婆，送給孫兒小熙的最佳禮物，我知道，他一定喜歡，將來一定會珍藏！

三、幼兒口述日記

由孩子入幼兒班開始，祖父母可以為他寫「幼兒口述日記」，由他口述，祖父母執筆，一方面讓他自己説出每日的學習和生活，另一方面這是一種潛移默化的教育過程，除了訓練了他的記憶力、觀察力、表達力、思辨力外，更讓祖父母可以每日傾聽孫兒的心

聲，不但可以知道他每天學到什麼，和人相處怎樣；更可以深入了解他的喜惡善惡，這樣便可以更清楚怎樣因勢利導；祖父母亦可以乘機引導他每一天作自我反省，給他一些方向、一些指導，向他灌輸高尚的人生觀和道德觀；這些「幼兒口述日記」，更可作為他父母的教養參考。

希望到他累積到相當寫作能力後，他自己會接力寫下去！

婆婆的大計

以上所說的「幼兒口述日記」，正是作為婆婆的我計劃在小熙在將來入讀幼兒班後開始要做的事，代替由他出生第一天已寫的「成長日記」。

方法是每天在他放學回家後，在設定的「小熙口述日記時間」，大家坐好，引導他說說在學校發生的事、他自己的一切等，替他寫下來。不求技巧，不講結構，就是要捕捉孩子的純真與美善、喜悅與不快。

要在他面前寫，就是要讓他知道我在寫他和他的事，讓他感到受重視，感到自己的價值，提升他的自尊、自豪和內省。我相信，這也是一種幫助成長的手段。

四、與時並進：WhatsApp 與 Facebook

現代進步，科技發展，祖父母也要與時並進。

婆婆用科技

我不用 WeChat，也不習慣上 Facebook，但我在每次照顧小熙之後，都會向小熙爸媽和外子發 WhatsApp，題為「小熙日誌」，報告有關小熙當日的事情，時常惹得大家開心回應或思考。

待孩子長大了，或許 WhatsApp、WeChat 與 Facebook 又會被新的形式取代，祖父母們要決心不被淘汰，我們要終身學習，與時並進，跟隨孫兒的步伐，用他的方式繼續和他溝通，把祖孫情維繫下去。

深厚的祖孫情，讓我們的人生充滿美好與幸福。

書後附有《嬰幼兒快樂小詩》，你可以親自動手把它製作成小書，和孩子一起讀一起唱！

你還可以發揮創意，靈活變換各小詩中的人物、事物，增加趣味！

小書製作方法

先沿虛線剪出各頁，再沿綠色實線對摺，按頁碼順序排好。最後用釘書機在中間位置釘裝好，即成。

祖父母和孫子，
來來來，
齊齊來玩來創作
嬰幼兒快樂小詩！

祖孫教養學堂

祖父祖母正能量——孫兒這樣教

作　　者：孫慧玲
策　　劃：甄艷慈
責任編輯：劉慧燕
美術設計：李成宇
出　　版：新雅文化事業有限公司
香港英皇道 499 號北角工業大廈 18 樓
電話：(852) 2138 7998
傳真：(852) 2597 4003
網址：http://www.sunya.com.hk
電郵：marketing@sunya.com.hk
發　　行：香港聯合書刊物流有限公司
香港新界大埔汀麗路 36 號中華商務印刷大廈 3 字樓
電話：(852) 2150 2100
傳真：(852) 2407 3062
電郵：info@suplogistics.com.hk
印　　刷：中華商務彩色印刷有限公司
香港新界大埔汀麗路 36 號
版　　次：二〇一五年七月初版
10 9 8 7 6 5 4 3 2 1

ISBN: 978-962-08-6364-6

18/F, North Point Industrial Building, 499 King's Road, Hong Kong
Published and printed in Hong Kong.

0 - 3 歲適用

中英對照

嬰幼兒快樂小詩

孫慧玲 著

譚晶瑩 譯

新雅文化事業有限公司

媽媽

媽媽，
媽媽，
媽媽最愛我，
我最愛媽媽！

Mommy

Mommy,
Mommy,
Mommy loves me most,
I love Mommy most!

I am a good child

I am a good child.
I like being clean.
Washing my face,
Brushing my teeth,
Putting on clothes,
Tidying up toys,
All by myself.
Daddy and Mommy,
Grandpa and Grandma,
They all say
I'm a good child!

我是好孩子

我是好孩子。
我有好習慣。
洗臉刷牙愛清潔，
收拾玩具放整齊，
穿衣穿鞋自己動手。
爸爸媽媽，
爺爺嫲嫲，
公公婆婆，
都說我是
好、好、好孩子！

小狗

小狗叫，
小狗叫，
搖着尾巴，
快快樂樂
汪汪叫！

Puppy

Puppy barking,
Puppy barking,
Tail a-wagging,
Happily goes
Woof, woof, woof!

小鳥

小鳥叫，
小鳥叫，
肚子餓了
吱吱叫！

Birdie

Birdie chirping,
Birdie chirping,
Tummy rumbling
Tweet, tweet, tweet!

時鐘

時鐘，
時鐘，
真奇怪。
上面兩支長短針，
長針走得快，
短針走得慢。

Clock

Tick tock,
Tick tock,
Strange little clock.
With two hands on top:
Long hand running,
Short hand crawling.

洗衣機

洗衣機，
轉又轉。
向左轉，
向右轉，
轉完之後
衣衫白白。

Washing Machine

Washing Machine,
Whirling and spinning.
Spinning left,
Spinning right,
Turning the laundry
Clean and white!

蝴蝶

蝴蝶飛，
蝴蝶飛，
拍着翅膀
翩翩飛。

Butterfly

Butterfly fluttering,
Butterfly fluttering,
Wings a-flapping
Gracefully flying.

春天

春天到了，
窗外白蒙蒙一片，
什麼也看不見！

Spring

Spring has come,
The window is misty white,
Everything is out of sight!

冬天

冬天到了，
天氣實在
太寒冷了！
凍凍！

Winter

Winter is here.
It's cold!
Oh, it's really
Freezing cold!